マンガ&エッセイ

いまこそ共感力！

子どものトラブルに悩んだら

大和久 勝 著
山岡 小麦 マンガ

新日本出版社

はじめに

大和久　勝

子どもは大なり小なり問題を抱えて生きています。子どもに起こるトラブルで悩むということは教育者や親にとっては、日常的にあることです。子どもに起こるトラブルに悩むことが、私たち大人の仕事だと言っていいと思います。

「トラブルが子どもを育てる」のです。

私たちは、子どもに起こるトラブルを嫌う、避ける、もみ消してしまうなどしてしまいがちですが、それは違います。子どもはトラブルを通して多くのことを学び、生きる力を獲得していくのです。

トラブルをマイナスなものとして見るのではなくプラスになるものとして捉えることが大切です。その時に私たち大人に求められるのが、子どものおかれた状況や子どもの気持ちに共感する力です。

子どもの心に寄り添うということは、子どもの苦悩や喜びに共感していくことではないでしょうか。そのためには、まず子どもの心を知らなければなりません。子どもたちがどんなことを語り、どんなことを言いたいのかということの中から子どもの心をつかんでいけるのだと思います。

私たちは、子どもたちのさまざまな問題行動や荒れなどの現象や事件の中から、子どもたちの叫びや訴えを聞き取らなければならないと思います。見えにくい、わかりにくい、捉えにくいということはあるかもしれませんが、そういう子どもの生きづらさを感じとっていくことが、子どもたちとともに今の時代を生きていく、時代を共に作り変えていくということになるのではないでしょうか。「子どもとともに」という視点が大事です。

『共感力――「共感」が育てる子どもの自立』という本を新日本出版社から出版したのが、二〇〇七年一月でした。その後、『困っている親と困っている教師～対立から共同へ』という本を同じく新日本出版社から二〇〇八年に出版しました。今回の本の中にあるエピソードは、その二冊の本に収められた話をもとにしたものです。

保護者の方、教職に就かれている方、就こうと思っている方、学童保育や児童館や公民館、そのほか教育・子育てに関わっていらっしゃる方々に読んでいただき、これからの教育・子育てを一緒に考えていけたらと願っています。

いまこそ共感力！／目次

はじめに　3

第1章　子どもの「困っている」を見逃さない　8

たかしくんの心のカギ　8

ケン太くんの居場所　20

第2章　子どもの苦悩や喜びに共感する　32

ヤスオくんの日記　32

夢みる夢子たち　44

第3章　困った子も「困っている子」　56

マコトくんの屋上事件　56

「やりたくない」ゴロー　68
本の虫ユキ江　80
行きつ戻りつゴローとユキ江　88
第4章　すれ違い・対立を乗り越える　92
ノボルのポキポキ傘　92
ミカとお母さんのゆれる心　104
第5章　心に届く対話・説得を　124
「愛のムチ」なんてない　124
第6章　子どもは誰でも変身できる　148
ハルキの変身　148
おわりに　173

第1章　子どもの「困っている」を見逃さない

たかしくんの心のカギ①

小学校1年生の6月 ママはぼくに言った
もう1年生だもんね
パパやママといっしょに寝るのは卒業しよっか
弟のナオも妹のさっちゃんもママにまだ甘えたいんだから
ほらバンザーイ
さっちゃん待っててね
だっこぉー
だっこぉー
さっちゃんもぉ
ぼくはお兄ちゃんだから仕方ないんだ
…でも…

おはよう
おはよう
たかしくん おはよう
おはようございます
……
あれ……
……
……
なんだか毎日イライラするんだ
もう!
ドン
あぶないよ
うるさい!
あっちいけ!
やめてよ!
あ
チャリーン…
浅野さんカギ持ってるの?
かっこいい
お母さんお仕事だから持ってなさいって
もう1年生だからって言われて

昼休み　浅野さんのカギがないと大さわぎになった
カバンの中に入れておいたのに
廊下は見た？
教室の中をもう一度探してみよう
やっぱりないよ
お母さんの帰るころにあわせて
今日は先生が送るよ
翌日——
職員室
どうしたの？たかしくん
先生
浅野さんのカギ校庭におちてた
え？

「共感力」ってなあに？

いじめ、学級崩壊、校内暴力、不登校、児童虐待、そして少年事件など、子どもと教育をめぐる状況はいま深刻です。表れている数は氷山の一角です。子どもの問題の拡がりは、誰にでもどこにでも起こりうることを予感させます。

そんなときだからこそ私たちは、負けずに、元気に、子育てや教育を進めていかなければならないと思うのです。その基本は、子どもの心に寄り添えるかということです。

子どもの心に寄り添うということは、子どもの苦悩や喜びに共感していくことではないでしょうか。そのためには、子どもの心を知らなければなりません。どんなことを思い、どのようなことを語っているのか。その中から、子どもというものを掴《つか》むのです。

しかし、子どもたちは、自分の心の内《うち》を素直に語ってくれるとは限りません。うまく言語化できない子もいます。そんなときは、推測する、思いを掴むなど、表現できない心の内を感じとることが大事です。

どうしても本当のことが言えず、間違った方向に行ってしまうこともあります。嘘をつくことやごまかすことは、子どもの成長過程で必ずあることです。叱るだけで終わらせずに、なぜ嘘をついてしまったのか、なぜ悪いことをしてしまったのか、その背景・原因を聞くこと・知ることが大事です。

心の内を素直に語れない、小学一年生のたかしくんの行動を見てみましょう。

第1章　子どもの「困っている」を見逃さない

たかしくんの心のカギ ②

先生心配してるんだ
最近ずっとイライラしてるだろ
学校やおうちで何かあったかな
おうちで話しにくいなら先生がお母さんと話してもいいよ
ところで先生に言いたいことあるんじゃないかい？
………うん…
ぼくがカギ
かくした
そうだ ぼくは本当は
こうやってはやく胸の中を軽くしたかったんだ

先生は家に来てママと話してくれた
いっしょにうたおー
いっしょにー!
あのー
じつはですねー
もうすぐ主人が帰るのでお話はその時に
ママおしっこ
ようやくパパも帰ってきて
……というわけです
だからどうか叱らないでください
わかりました
だけど先生が帰ったあと——
たかしちょっとおいで
先生が言ったことは本当なのか?
あなたそんな悪いことしたの?
どうなんだ
ぼく……

なぜそうしたのか理解しよう

たかしくんが、「浅野さんのカギ　校庭におちてた」と言ってきたとき、そうか、たかしくんがカギをいたずらして隠してしまい、そのあと出せなくなってしまっていたんだなと、その様子から感じました。

こんな場合、私は、その子と遊んだり、おしゃべりしたりして、一緒に過ごすことにしています。それから、「君さ、何か先生に言いたいことがあるんじゃないか」と切り出していくと、正直に話し始めてくれたりするものです。先生に言ったら怒られる、お母さんにも叱られるというような警戒心があったら、なかなか正直には言えません。たかしくんは「うん、ぼくがカギ　かくした」と言いました。

私たちおとなの指導はそこからが始まりです。教師でも保護者でも同じです。やったことが良くないということを理解させることは欠かせませんが、大事なことは、その子がなぜそういうことをしてしまったのかを理解することです。分かろうと努力することです。

子どもの行動を結果だけでとらえてはいけないと思います。結果だけを見てしまうと、間違った指導をしてしまうことがあります。子どもの行動には、その背景になっている原因やストレスが存在しているものです。子どもからの訴えや叫びである場合が、少なくありません。

子どもの問題行動を、子どもからの発信、シグナルとしてとらえることが出来たらよいのではないでしょうか。

第1章　子どもの「困っている」を見逃さない

たかしくんの心のカギ③

あら？
どうしたの？玄関で寝ちゃって
たかし？
すぅ…
すぅ…
すぅ…
すぅ…
!
たか…
疲れてるの？

たかしくん心配だな
先生
もしもし大和久です もう一度お話を…
……はい大丈夫です
私わかりました
目が覚めた？
ふわっ
ごめんね
ママが追いつめてたのね
今夜は久しぶりに
ママといっしょに寝ようか
……うん

お母さんって素晴らしい

子どもは正直に話したいと思っていても、「あなたがやったの」「本当にそんなことをしたの」と問い詰めると、正直に話せなくなるものです。言葉に出来ない場合もありますし、畳み掛けるように言うと、子どもが正直に話すチャンスをのがしてしまうこともあります。

親の立場になると、ついつい詰問《きつもん》してしまう場合が多いのですが、そこが落とし穴です。子どもは叱られたくないだけでなく、お父さんやお母さんに悲しい思いをさせたくないと思って「ううん、僕じゃない」と言ってしまうことがあります。本当は正直に話したいのでしょうが、「なぜやったの」「なんでそんなバカなことをしたの」と問い詰められることに耐えられなくなるということもあります。

たかしくんは、はっきりした物言いができる子ではなかったから、余計でした。結局、お父さんやお母さんに問い詰められて、「先生に言ったことは違っていて、カギを拾ってあげただけだ」と言ってしまったのです。先生と親との板挟《いたばさ》みになってしまったのでした。子どもながらに、苦しかったのでしょう。学校へ手紙を持ってきたときは、疲れ切った表情でした。

でも、お母さんって素晴らしいですね。たかしくんのお母さんも、たかしくんの表情や状態から、気がついてくれました。感じとられたのですね。そして、たかしくんの寂しさとイラダチの原因を考えてくれました。

翌日のたかしくんは、晴れ晴れとした表情でした。今までと違う「たかしくん」でした。

第１章　子どもの「困っている」を見逃さない

ケン太くんの居場所 ①

あ～
新しい友だちばっかりでやだな……
入学式のあと ケン太くんのつぶやきが お母さんの胸にひっかかっていた
4月11日の朝
頭痛いし
熱はないけど…… かぜ気味かな
気持ち悪い
今日はお休みしようか
新しい生活がスタートして緊張しているせいね
学童クラブもまだ慣れてないし両方じゃ無理ないか……

4月12日の朝

4月13日の朝

「学校に行こうと思うと腹痛や吐き気がおきてしまうようです。

つい子どもには『明日はがんばるのよ』とか『たいしたことないから学校行けば』とか言いがちですが

本人が行く気持ちになることが大切と考え、気持ちの変化を待ちたいと思います。」

緊張がとれれば自然に行けるようになると思うので
いまは無理強いせず本人の気持ちを大切にしようと……
お母さん
ケン太くんの心に寄り添ってあげようという気持ちはわかります
でも結果的にかばいすぎて子どもに負けてないでしょうか
え？
登校できない理由があるというより家の中が安心だから出て行くのをしぶっているという感じですね
……
いま重要なのはお母さんの気持ちを伝えて登校を刺激することです
4月14日の朝
がんばって行ってみよう！
翌日もケン太くんの登校しぶりは続いたが
お母さんの気持ちは確実に前向きに変化していた
もうお母さん甘やかさないよ
ほら！ケン太！

誰でも経験する登校しぶり

子どもは誰でも登校しぶりを何度か経験するものです。とりわけ多いのが、小学校へ入ったとき、学年が変わったときです。新しい出会いは期待もありますが、不安もまた大きいものです。新しい世界に入るのが苦手だという子ども、対人《たいじん》関係を上手に取れない子どもは増えています。

なぜ、登校をしぶるのかと問われても、本人としては説明できないのが普通です。説教したり、問い詰めたりして上手《うま》くいくものではないから厄介《やっかい》です。子どもの心に寄り添いながらも、親の願いを率直に示して、何かのきっかけを探るのが良いのではないでしょうか。

登校しぶりは誰にも起こりうるものだと考えてみませんか。人は新しい環境、新しい集団、新しい課題などに直面したとき、不安に思ったり、尻込《しりご》みしたりします。何も感じない子よりも感受性に優《すぐ》れている、という見方ができます。それを、その子の発達課題として見たとき、自らの手で克服していく道すじを示し、励ましてあげたらいいのではないでしょうか。

登校しぶりは小学校一年生に多く現れますが、他の学年でも増えています。学校では不登校につながる問題として強い関心を持っています。しかし、登校しぶりは誰にでも起こりうる問題です。マンガに登場するケン太くんしかり。

ですから深刻に考えすぎず、子どもの成長過程にみられる発達課題としてとらえること、成長・発達するための準備段階あるいは節々《ふしぶし》の葛藤《かっとう》として見ることが、おとなにとって大事です。

ケン太くんの居場所 ②

4月14日の朝
お母さんは
ケン太くんを
学校へ
連れて行こうと
奮闘中……
おはよう！
おじゃま
します
先生
先生と
ジャンケン
5回勝負？
ぼく
ジャンケン
強いよ
そうだね
でも
もしも
先生が勝ったら
先生と
学校へ行こう
負けたら今日は
あきらめるよ
ジャンケン大好き！
そのときは明日
学校でもう一度
勝負するって
約束だぞ
いいよ
ぜったい
負けないから
ジャンケンポン!!
あいこでしょ！
ジャンケンポン！
先生
がんばれ

あちゃーー！負けたーー！
やったーー！勝ったーー！
ガクッ
わーい　わーい
今日は降参だー
明日は学校で勝負しようね
約束ねー
4月15日の朝
先生との約束だからね
でも1時間目終わったら帰っちゃうもん

おはよう
1時間目だけだよ
そうか
1時間目は盛りだくさんだよ
体育館のカギを教頭先生から借りてきてくれないか？
わかった
体育館でボール遊び
畑で花や虫さがし
ダンゴ虫見つけた
教室に戻って粘土工作
ケン太くんじょうず
先生1時間目いつ終わるの？
チャイムが鳴ったらね
じつは先生方にお願いしてチャイムを切ってもらっていたのだ
こんなに長いのかな…
??
作戦勝ち

きっかけや原因を探るよりも

登校しぶりは、何かがきっかけで起きるものです。しかし、きっかけを原因とみるのは当たっていません。原因についてもよくわからないということが多いのです。

提案です。登校しぶりのきっかけや原因を探るよりも、その子を丸ごと見てあげたらどうでしょうか。何が不安なのか、何にストレスを感じているのか、何に満足していないのかなどを、その子の立場に近づいて考えてみることです。

学校への不安は大きいとしても、生きるうえでの不安や不満、ストレスは、家庭や家族など学校以外の所にある場合があります。子どもを丸ごと見るということをしないと、きっかけに振り回されたり、原因探しで堂々巡《めぐ》りしたりして、登校しぶりを長引かせる結果になることもあります。

子どもは、子ども自身の行動や体の調子などから、何かを表現しているものです。子どもの訴えや叫びだったりすることがあります。何らかの不安や不満やストレスを表現しているのです。

そこに、子どもの願いや発達課題が込められているということを忘れてはいけないと思います。そして、そのことに気づいたり感じとったりするのは、おとなの仕事です。

人間は、集団の中で生きていく生きものです。だとすると、子どもの中で健《すこ》やかに生きていけるのが一番いいのではないでしょうか。ケン太くんの登校しぶりの原因を探るのは後にしました。ケン太くんを友だちとつなげて、学校での生活を築きだすことから出発しました。

第1章　子どもの「困っている」を見逃さない

ケン太くんの居場所 ③

1ねん1くみ
先週は体育館のカギ係を頼んだらきちんとやってくれたね
今度はケン太くんに図書室のカギ係にもなってもらいたいんだ
反対の人いるかな?
さんせー
さんせー
ケン太くんいいかな
こくん
たいせつな仕事だね
カチャ
ケン太くんがいなくちゃ図書室に入れないんだもん
4月19日の朝
「先生へ―― 2時間目に体育館のカギをあけるから学校に行かなくちゃと言っていました。
いってきまーす
仕方ないと言いながらまんざらでもないようです。」

ケン太くん今日の放課後あそぼ！
いいよ！
「先生へ―女の子と仲良しになり、日曜日も遊ぶ約束をしたようです。ナツミちゃんともうひとり……」
「カナちゃんですね。ケン太くんは優しいので女の子と相性がいいようです。見守ってあげてください。（オオワク）」
4月20日
お母さん
うちのザリガニの赤ちゃん学校で育てることになった！だから来週持って行くから
ザリガニの飼育のほかにカギ係もあるし
ぼくけっこう忙しいんだ～
いってきまーす！
学校の中に
居場所と出番を見つけたケン太くん
運動会が終わる6月初旬にはもうほとんど心配なくなっていた

子どもに居場所と出番を

私は、子ども一人ひとりの居場所《いばしょ》と出番《でばん》を学校の中に育てることで、登校しぶりを含めた多くの問題を解決できるものだと思っています。子どもにとっての居場所は、安心できる人間関係であり、出番は、学級・学校の活動の中で活躍すること、授業で活躍することです。

これは、家庭にとっても同じことが言えます。家族と安心した関係を持っていなければ、家庭が居場所になりません。家庭があり家族がいるというだけでは、子どもにとっての居場所にはなりません。絶えず、関係性を更新《こうしん》していかないといけないのです。家庭内の役割も大事です。

ケン太くんは、女の子との相性《あいしょう》が良かったので、女の子に、ケン太くんと友だちになろうと働きかけ、意図的にチャンスを作ってきた成果が現れてきました。授業中や休み時間、放課後にも一緒に過ごす姿が見られるようになってきました。

出番については、カギ係から出発しました。何でもいいと思うのですが、その子の役割がはっきりと目に見える形になっていることがいいと思います。また、その子の持ち味や好きなもの・得意なことと重なり合っていると、いっそう効果的です。

家で大事に育てていたザリガニの赤ちゃんの飼育は、ケン太くんに最適な仕事でした。自慢のザリガニでしたから余計でした。その仕事を通して、別の子たちともつながっていきました。人とつながり、人に認められるということが大きいのだと思います。

第2章　子どもの苦悩や喜びに共感する

ヤスオくんの日記①

ところでさ　ヤスオ……
4年生に　なったら　塾へ　行かない？
じゅく？
ぼくは　4年生に　なった
学習塾は　電車で　3つ先
ガタン
ガタン
ガタン
ガタン
ガタン
ガタン
ガタン
中学受験の　ためには　4年生からが　大事なんだって　お母さんが言うから　がんばろうと思う

「僕はこのごろ腹痛で
悩んでいます。
電車の中で痛く
なったりして、
家に帰るのが
とてもつらいです。
それでねる時に
楽になって、
早朝になるとまた
痛くなるのです。
でも、遊ぶ力くらい
残っているので、
いっぱい遊んで
腹痛をなおします。」
4年生になって
ヤスオくんの
日記の中身が
変わってきた
ヤスオいけ！
当てるぞ〜
キャー
キャー
しまった

子どもの心を知る

子どもの心に寄り添うということは、子どもの苦悩や喜びに共感していくことです。そのためには、子どもの心を知らなければなりません。私は、子どもたちに日記や作文をたくさん書かせてきました。朝、受け取った日記は、その日のうちに目を通し、一言《ひとこと》添えて帰りに返します。

私にとっては、子どもとおしゃべりをするということと合わせて、子どもの心を知るうえでたいへん大事でした。日記や作文、詩や五七五など、子どもの書いたものを通して子どもの心を掴《つか》むことができました。

ヤスオくんは、よくしゃべって、よく動き回って、よく食べて、よく遊んで、よく勉強する子でした。授業中の私語《しご》を注意されたり、ハメをはずして説教されたりしながらも、行動的で積極的な子どもでした。三年生の初めに学級委員になって活躍したりしました。班長としても、学級のお誕生会とか、スポーツ大会の計画だとか、そういう先頭に立って、いつも元気いっぱいかけまわっている子でした。

ヤスオくんの書く日記は、家や学校や放課後の楽しかったことが満載で、ときどき書いてくる詩は、とてもおおらかで率直で、心に響くものでした。私は、ヤスオくんの日記や詩が大好きでした。

そんなヤスオくんの書く日記が、四年生になってから少しずつ変わっていったのです。やがて、日記の中身に変化がはっきりと見えてきました。そして、そのことは、進学塾に四月から通い始めたことが原因だと分かりました。

第2章　子どもの苦悩や喜びに共感する

ヤスオくんの日記 ②

こういう僕の気持ちはお母さんにはわからないだろうな。」
本当はわかってほしいんだと思いますお母さんに
でも心配させまいと
……
どうしたらいいか
どうしたらヤスオのためになるのか
でもあとで苦労させたくないから
ヤスオの将来を思うとつい無理させてしまって
お母さんも悩んでいるんだ
何が正しいかなんて簡単に言えることじゃないけど
とにかく
今後も一緒に見守っていきましょう
ヤスオくんの心の声にまずは耳を傾けることが大事ですから

あ
ガタン
ガタン
ガタン
「今日、5時頃、西の空を見たら、うそみたいにきれいな夕焼けでした。なぜか、今の僕の心の中にそのことが強い印象で残りました。
わぁ…
そんな夕焼けに向かうと『目標』『感激』『達成』、これらを思います。」
おいおい…背伸びしているな
もっと子どもらしく素直に受け止めればいいのに
わーっ紅葉狩りだ!
ガサッ
ガサッ
秋になると学習塾通いも慣れだいぶ気持ちを取り戻しつつあるヤスオくんだった

わかってほしかった

ヤスオくんが進学塾に通い始めてから、作文や日記に心の変化が映《うつ》し出されるようになっていきました。子どもたちは、いろいろな形でストレスを抱え込みます。今の時代がそうさせているのだと思います。また、最近の子どもは親に気遣《きづか》いをしています。ヤスオくんは親に言えない胸の内を日記に書いてきましたが、親には心配させまいとしている思いも伝わります。

書く字は硬筆《こうひつ》習字のようにていねいできれいです。むずかしい言葉や漢字も随所に使っていました。辞書で調べたり、お母さんに教えてもらったりして、四年生では習っていない漢字も書いてきました。そんなところに、勉強への思い入れや親の期待へのちょっと背伸びをした反応などを感じました。期待に応《こた》えて一生懸命やろうとすればするほど、緊張感や圧迫感が強まったのだろうと思います。ヤスオくんは、母親に打ち明けられないほどの悩みを抱えたのです。きっと、わかってほしかったのでしょう。

ヤスオくんのお母さんと話してみると、やはりとても悩んでいました。あとで苦労させないためにと、受験向きの学習塾を選び、電車で通わせていました。それでいいのかと、ときどき悩みながらも、ヤスオくんの将来のためと思い無理させてしまうのだと言っていました。その後、お母さんとは、連絡をとりながら、ヤスオくんの様子を学校と家庭の両方で見守っていくことにしました。

ヤスオくんの日記 ③

塾の勉強は大変だけど
終わったー！
ダッダッダ…
ヤスオくん昨日のテレビ見た？
私も見たよ
友だちが増えるのはうれしいな
とんねるずでしょー
ちょーおもしろかったね

その子ね
塾でいつもひとりぼっちなんだ
だからぼく声かけて
みんなで一緒に帰ったんだ
その子の笑顔
はじめて見たよ
ぼくも仲間がひとり増えて
うれしかった
カレーのおかわりいる？

いいこと
したわね
ヤスオの
そういう
ところ
お母さん
大好きよ
はいっ
カレー
！
「先生！
お母さんが
ほめてくれ
ました。
今日は、僕にとって
何もない一日で
とてもよかったです。
おーい！
でも、お母さんは
仕事で忙しそうで
かわいそうでした。
僕も、明日は塾で
忙しいので悲惨です。
そこで一句
缶ケリやる人
この指
とーまれ！
やるー！
ヤスオくん
今日は
遊べるの？
『平凡が
僕にとっては
楽しい日』」

大和久先生からのメッセージ

子どもの心により深く寄り添う

秋になると、ヤスオくんは、本来持っていた自分らしさを取り戻してきました。ヤスオくんの日記から、ヤスオくんの心の動きを知ることが出来ました。

「今日塾で一人ぼっちの子がいました。だから僕は仲間に入れてあげました。すると、その子はにこにこ笑っていました。その子がわらうのを見るのは初めてでした。家に帰ってそのことを報告すると、お母さんがほめてくれました。僕も、仲間がひとり増えて、とてもよかったです。」

塾に行っても、一人ぼっちの子がいると、こうやって働きかける。学校での友だち思いのヤスオくんのままです。そのことをお母さんに話したらお母さんがほめてくれたというのが、さらにヤスオくんの心を励ましました。ヤスオくんらしいところを見逃さずほめることが出来たお母さんは、とても素晴らしかったと思います。子どもは、自分らしさを認めてもらえることがいちばん嬉しいのです。

追われてしなければいけない勉強はつらそうだけれど、友だちに働きかけをする自分らしさを失っていません。私も、えらいなあとほめちぎりました。お母さんとの相乗効果《そうじょうこうか》で、ヤスオくんは、本当に嬉しそうでした。

私たちは、苦悩への共感だけでなく、子どもの体験した喜びを一緒に感じてみることによって、子どもの心により深く寄り添うことができるのではないでしょうか。

第２章　子どもの苦悩や喜びに共感する

夢みる夢子たち ①

こんなニュースがあった

小学3年生の男女6人が犬の散歩中迷子になり
林の中で一夜を明かした
この道さっきもきた
2人で1枚の上着にくるまりアニメソングを歌い励まし合って
空をこえてラララ
!!

18時間ぶりに保護されたときひとりの女の子は涙ぐんで語った
ポケットの中にキャンディーがひとつだけあったけど
ケンカになるから食べなかったの
CANDY

小学3年生のすばらしさが詰まったステキなニュースだった

まだまだ幼さのシッポを持ちながらも
「仲間」を覚え もっとも子どもらしい時期に突入していく
それが小学3年生
立ち止まって考えるより毎日が行動と好奇心のとき
そんな女の子たちの話
じゃーん!! わたしたち お寿司屋さんでーす!!
今から みんなに 1万5千円 配ります
折り紙のお寿司
手作りのお札
10000円
5000
はい！ これでお寿司を買ってね
5000円
5000円
先生には特別に配達してあげるね
メニュー
10000えん
これ お金と メニュー
は？

並んでくださーい
イクラとウニの軍艦巻き5千円です
わぁ!
10000
おまたせしました1万円です
はは…
10800円
先生おいしい?
ぱくぱくおいしーなー
クラスを巻き込んでおままごととは…
トロください
トロはうりきれです
まあ見守ってみるか
許せません!
ところが週末に事件が起きた

一粒のキャンディー

二月と言えば、日本の冬の一番深まった時、日本のどこでも寒さが最も厳しい頃。そんな二月五日のニュースでした。

――大阪府T市、小学校の三年生の男の子二人と女の子四人が犬の散歩で近くの山に入り込み、引き返す途中で道が分からなくなって、林の中で野宿。三人が着ていたジャンパーを二人一組で頭からかぶりあたため合った。六人は、アニメの「ドラえもん」の話をしたり「鉄腕アトム」の歌を歌ったりして励まし合い一夜を明かした。そして、十八時間ぶりに保護された。そのうちの一人の女の子は、ポケットの中にキャンディーを一粒だけ持っていたが「けんかになると思って食べなかった」と涙ぐんで語った。

こんないい話が記事になったのはどんなに久しぶりだろうか、と胸が躍りました。実は、こうした子どもたちの素晴らしさ、輝きは、私たちが接している日常生活の中にたくさんあります。私たちは、身の回りで見受ける子どもの姿、輝きを見ることで、子どもたちを信じることが出来るのです。

ここでは、児童期まっただ中の小学校三年生の子どもたちの世界をのぞいてみます。仲間を覚え始め、仲間なしでは生きていけなくなる、そんな「仲間時代」の到来でもあります。

ある日突然、お寿司屋さんブームが私の学級の中をかけめぐりました。最初戸惑いましたが「この子たちにはこんな遊びも必要なんだ」と考え、しばらく見守ることにしました。

第2章　子どもの苦悩や喜びに共感する

夢みる夢子たち ②

私たちが作ったお寿司とられたんです！
こわされたのもあるし
やった人を許せません
だってお金がなくなっちゃったんだもん

お寿司が高すぎるって文句言ったのに聞いてくれないんだもん
あの…ぼくもお金なくなって
だからサトシたちの気持ちわかります
もっと安くすればいいのに
高いのだと1万円だよ
これじゃすぐお金がなくなっちゃう
だ、だけど毛糸とか千代紙とか
けっこう作るの大変なんだよ
ぱく ぱく ぱく
でもこうやって食べるマネしたら
すぐ返すんだよ
ずるいよ！
そんな！

なるべく
口出ししたく
なかったが
じゃあ
こうしたら…
あっ
そうか
しかたない
ちょっと
助言を…
はい!
提案しまーす
毎週
月曜日に
またお金を
配りなおす
ことに
します
それ
いいねー
やったー
今泣いたカラスが
もう笑った
何もなかったように
仲直り
これが3年生
という時期の
よいところ
なんだなぁ

お寿司屋さん事件

週末に事件が起きました。「お寿司屋さん事件」と後で呼びました。ユミ子が泣いているのです。「私たちが作ったお寿司がとられたんです。こわされたのもあるし、やった人を許せません」と怒るお寿司屋さんを始めた女の子たち。「だってお金がなくなっちゃったんだもん」「お寿司が高すぎるって文句言ったのに聞いてくれなかったんだもの」と悪戯《いたずら》した男の子の言い分。

なるほどと、納得しました。思わず笑いだしてしまいましたが、子どもたちの方は真剣です。配られた宣伝ちらしには、一番高いのが一万円と書いてありました。千円位からあるのですが、上手に買い物しなければ配ってもらった一万五千円くらい、すぐなくなってしまいます。

お寿司は確かに上手にできています。千代紙《ちよがみ》や毛糸なども使っているし、手がこんでいるのです。しかし、手元で味わったら「お寿司屋さん」に返すのですから、もう少し考えてもよさそうです。ままごとのやり方もうまく教わってこなかったのかなと思いながら、助言をする気になりました。こんな「夢のある世界」を壊したくなかったからです。いずれブームは去るとして、もう少し見守ってあげたかったのです。

私の助言は簡単なことでした。値段は今のままでいいからお金を週のはじめに配ったらということ。そうすれば、使い終わっても次の週を待てばいい。「そうか！」と大発見したかのような驚き。ユミ子たちがそのことを提案して、みんなから「いいね、いいね」と盛んな拍手を受けました。

夢みる夢子たち③

「お寿司屋さんごっこ」のブームは3週間で下火になり次に彼女たちが夢中になったのは
じゅんび中
のぞかないでね
いらっしゃいませ
レストランにようこそ
給食の時間に「レストランごっこ」

くじを引いてね
4番
サトシくん4番テーブルにご案内しまーす
店長さん
大助くんは6番テーブルです
ウェイトレスさん
いらっしゃいませー♪
ぼくがリクエストした曲だ
お客さま
お客さま
こちらの席へどうぞ
アルバイトさん
ここまでくると本格的だな

ゆめ

自分のゆめを　わすれています
おとなのひとは　わすれています
小さい時に求めていた
自分のゆめを　わすれています
でも今からでも　間にあいます
ゆめは　きっと待っています
ゆめを求めた　ひとたちを

この詩は
ごっこ遊びの
中心となった
ユミ子が書いた

子どもの思いを
どう受けとめるか
おとなの感性が
問われているの
かもしれない

夢のある遊びの世界

おままごとのような「お寿司屋さんごっこ」はおよそ三週間ほどで下火になりましたが、その後も、子どもらの「夢のある遊びの世界」は広がっていきました。

レストラン係が「レストランごっこ」というものを考えました。ふだんは、給食のメニューを黒板に絵をかいて知らせたり、食事のマナーを宣伝するのがレストラン係の仕事。それだけでも人気のある係でしたが、創造性豊かな〝夢みる夢《ゆめ》子《こ》たち〟は、またまた楽しいことを考えました。それが「レストランごっこ」なのです。

〝夢みる夢子たち〟は、いつも、学校の生活を楽しいものにしようと思いをめぐらせます。「みんなでダンスをする会」や「お話玉手箱（本の読み聞かせ）」「木曜ゼミ（放課後勉強会）」「持ちより学級文庫」なども考えていきました。休み時間や放課後、学級会の時間を上手に活用していったのです。

さて、そんな子どもたちの世界を、大人たちがどのような視線で見ていけるのかが問われます。先生ばかりではありません。親や地域の人たちの目線が大事です。大人の共感と励ましの眼差《まなざ》しが、子どもたちの「子ども時代」を豊かなものにしてくれます。素直な子どもらしさと子どもの輝きを作ってくれます。

「ゆめ」という詩はごっこ遊びの中心で活躍していたユミ子が書いたものです。こんな子どもたちの思いをどう受け止めるか、大人の感性が問われているのだと思います。

第３章　困った子も「困っている子」

マコトくんの屋上事件 ①

あー! ぼくの絵!
カキカキ
それはヤスオくんの絵だよ!
あ〜……
マコトくん!
どうやら悪いことをしている意識はないらしい
彼を理解し自立の手助けをしたいのだがなかなか思うようにいかない
ひとの絵に描いたらダメだよ わかるかい?
4時間目のはじめ
痛い!
えっ?
う……う……
ひっく……
どうしたの? モモカちゃん
う……
ひっく……

マコトくんが筆箱を投げて
モモカちゃんの顔に当たったの
けがは？
……
虫がいたの蛍光灯に…
取ろうと思って…
あ
ほんとだ
虫だ
だからって結果がどうなるか考えずに物を投げてはいけないよ
コクン
ごめんなさい
今度は自分から謝ってる
むちゃくちゃに思えるが彼の行動には彼なりの理由があるようだ

「困った子」は「困っている子」

マコトくんのように、学習参加や集団参加に困難を抱える子どもが、どの学校にも増えています。学級に二〜三人などという報告も珍しくなくなりました。

じっとしていられない。立ち歩く。並べない。待てない。こだわりが強い。行動の切り替えができない。人の気持ちをつかめない。自分の気持ちをうまく伝えられないなど。

文科省は、ＡＤＨＤ（注意欠陥多動性《たどうせい》障害）やＬＤ（学習障害）、高機能自閉症といった「発達障害」を抱える子どもたちが、五〜六パーセントいるとして、その支援を検討し、二〇〇七年に「特別支援教育」を開始しました。そのため、今は、「発達障害」や「ＡＤＨＤ」などの言い方が広く知られるようになりましたが、まだその子たちへの理解や支援は始まったばかりです。

こうした子どもたちは、「困った子」としてとらえられることが多く、なかなか周囲の大人や子どもたちに理解してもらえないために、学習参加や集団参加がますます困難な子どもになってしまうことが普通でした。

マコトくんも同じでした。ずっと「困った子」として見られていました。マコトくんの行動は理解しにくいものが多いのですが、マコトくんの引き起こす数々のもめごとやトラブルに接する中で、少しずつ理解していくことが出来ました。「したことにはわけがある」と考え、そのわけを聞き取ろうと努力した結果です。「困った子」は、実は「困っている子」なのです

第3章　困った子も「困っている子」

マコトくんの屋上事件 ②

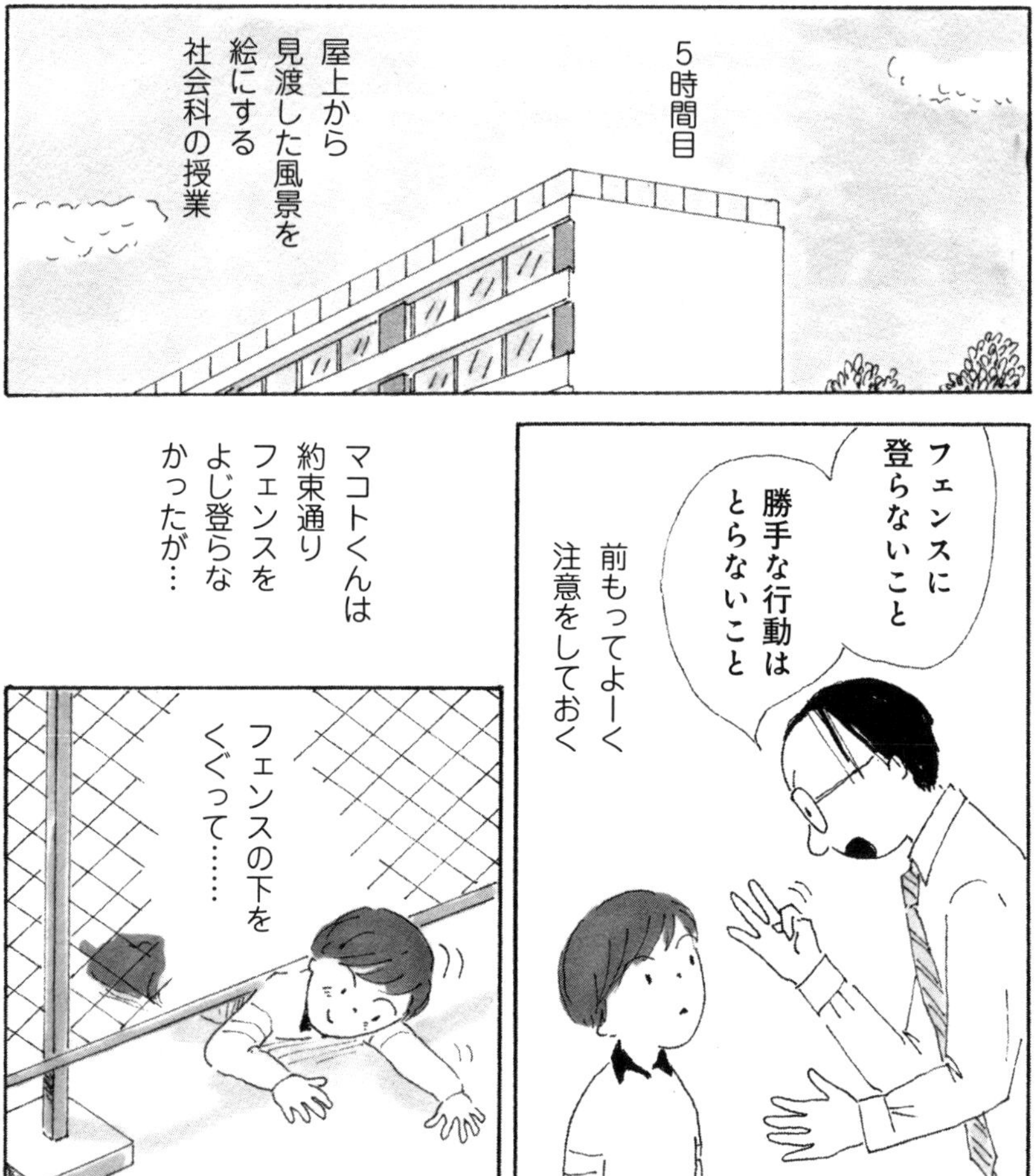
5時間目
屋上から見渡した風景を絵にする社会科の授業
フェンスに登らないこと
勝手な行動はとらないこと
前もってよーく注意をしておく
マコトくんは約束通りフェンスをよじ登らなかったが…
フェンスの下をくぐって……

外へ出てしまった！
大変！
危ない！
ざわざわ
……！
マ…
マコトくん…
さわがないで
いいからさがって
マコトく…
キャッ
刺激してはだめだ

どれくらい
時間がたったか
何を話したか
頭の中が真っ白で
覚えていない
とにかく
「だめ」や
「しちゃいけない」は
逆にやってしまうから
言わないと心に決め
腹をすえて
ゆっくり
語りかけた
そろそろ
戻ろうか
うん
する
する
さあ
捕まえた!
ガバッ
ギャー
たしかに
くぐるなとは
いわなかった
けれど……
ギャー
ギャー
ギャー
ギャー
校長先生の
ところに
いなさい!

まさかの出来事

まさかの出来事でした。ＡＤＨＤ（注意欠陥多動性《たどうせい》障害）の子どもは、高い所にのぼるのが好きだと知っていたので、「フェンスに登らないように」「勝手な行動はとらないように」と、よく注意して屋上に行きました。ところが、マコトくんは、約束通り金網のフェンスをよじ登らなかったけれど、フェンスの下をくぐり抜け、外側に出てしまったのです。

まさかという展開にびっくり仰天《ぎょうてん》。「ダメ」とか「何々しちゃいけない」とか言えば、逆にやってしまうから、それだけは言うまいと心に決め、フェンスの外側で悠然《ゆうぜん》と寝そべっているマコトくんに、しゃがんでフェンス越しにゆっくり語りかけました。

いま思うと、その開き直った落ち着きがよかったのでしょう。しかし、何を話したのか覚えていない。どのくらいの時間だったのかもわからない。思い出そうとしても思い出せない。頭が真っ白な状態だったのです。本人は、危険なことをしている意識はなかったようです。フェンスの外が気持ちよかったのでしょうか。穏やかな表情で、私の話を聞いていました。

「そろそろ戻ろうか」という言葉かけで、やがてこちらに手を差し伸べ、体をフェンスの中へ戻し始めました。関節が柔らかく、狭いところもするりと通り抜けてしまうのです。教室のロッカーに体を全部入れて、頭だけ出していたことを思い出しました。体を捕まえた後は、強引に抱きかかえて教室まで戻り、校長先生に後のことをお願いして、また屋上に上がりました。

第3章　困った子も「困っている子」

マコトくんの屋上事件 ③

ぼくにやらせて
マコトくん！
どうしてここに
だめだよ！絶対だめ！さっき注意されたばかりでしょ！
もう悪いことしないから
ぜったい守るから
ぼくにやらせて！
信じて…
みるか
誰か四角い筆箱貸して
それから一番長い鉛筆も

コン
コロコロ…
戻った
やったー!!
すごいな マコトくん
マコトくんの
自立のカギは
こんなところに
あるのかもしれない
そう直感した
出来事だった
ハアゼェ ハァ
先生! ほうき もってきたぁ!!
ゼェゼェ
あ、あかねちゃん
忘れてた……

大和久先生からのメッセージ

きらりと光るものを発見

山口くんのクレヨンが、ころころ転がって、フェンスの外へ。手を伸《の》ばしても足を伸ばしても届かない。近くにいた子が取ろうとするのだがやはりダメ。私がやっても無理そうだったので、こんなとき、すぐ動いてくれるあかねちゃんに、教室からほうきを持ってきてくれるように頼みました。

ところが、校長先生に連れられて再び屋上にやってきたマコトくんが、その様子を見て、「ぼくにやらせて」とせがみました。もちろん、「だめだよ。ぜったいにダメ」と言いましたが、「もう悪いことしないから　ぜったいに守るからぼくにやらせて」と懇願《こんがん》するのです。めったに見せないほどの真剣な表情になっているので、「信じてみよう」「やらせてみよう」と考えました。するとマコトくんは素早く動いて、しっかりした筆箱のふたに挟んだ鉛筆の先で、クレヨンをフェンスの内側に見事に引き寄せたのです。あっという間の出来事でした。思わず、みんなは拍手と歓声。私もびっくり。感心してしまいました。

そのとき、マコトくんの自立は、こんなところにカギがあるのではないかと直感しました。自分の持っている知恵を人のために活《い》かすことで、みんなから褒《ほ》められたり認められたりすることが、マコトくんの自信を高めるのではないかと思えたのです。みんなの拍手と歓声に包まれて、とても嬉しそうだったことが印象に残りました。そして私は、マコトくんがフェンスをくぐって外に出てしまった事件の後なのに、すっかり爽快な気分になっているのを感じました。

第３章　困った子も「困っている子」

「やりたくない」ゴロー ①

先生
ゴローくん いままでも そうだったよ
勉強しない ことで 有名なんだ
忘れ物 ばっかり するし
ゴローは ゲームマニアで 集団活動が苦手
ルールのある スポーツや遊びは やらないという 徹底ぶり
教科書・ノートを よく忘れる 持ってきても 出さない 出しても開かない ツワモノだった
書きたくない なんて そんなふざけた 理由があるか!
書くまで ここを 動かないぞ!
ぜったい 許さない!
むむむ…
むむむむ

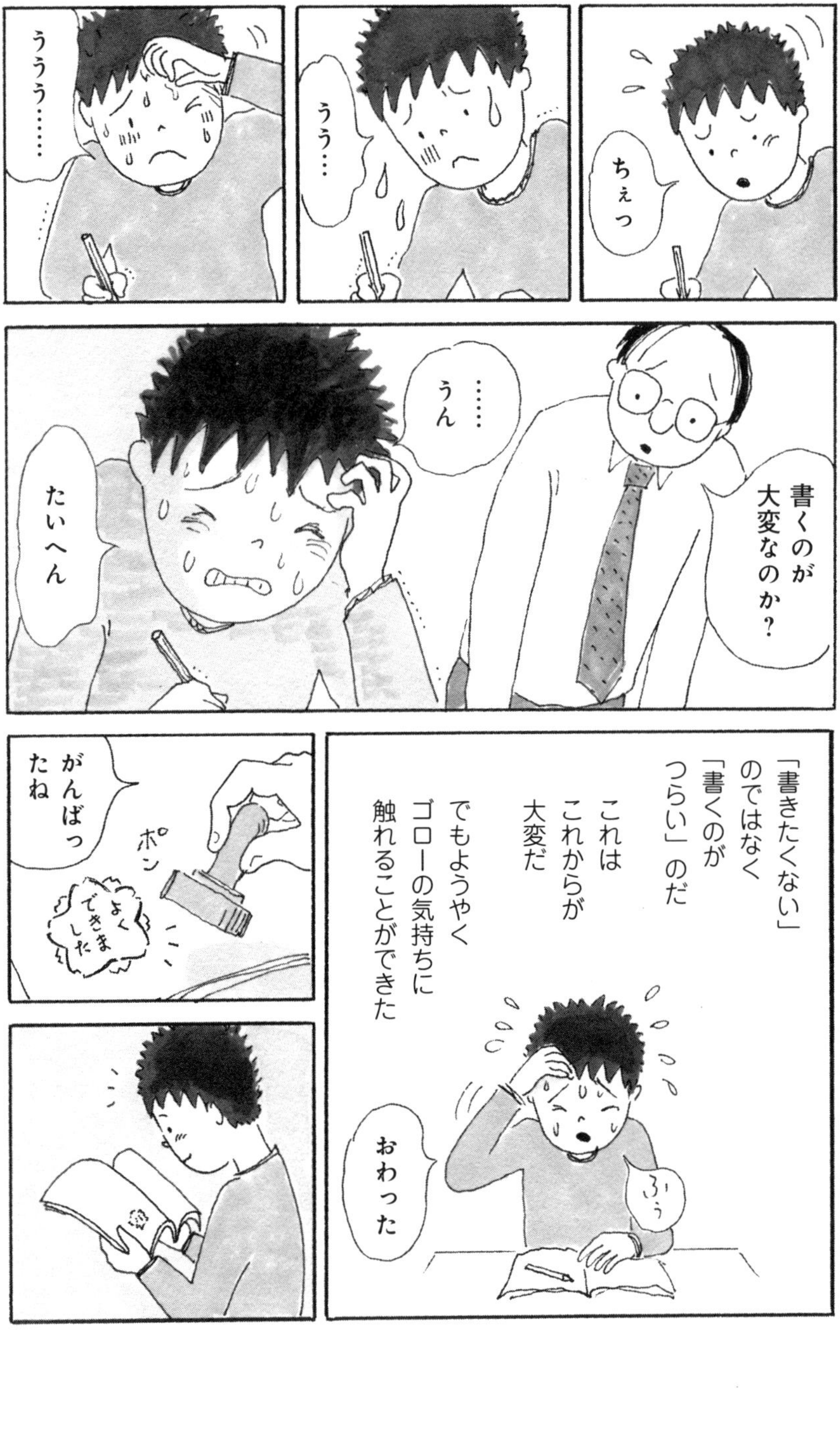
ちぇっ
うう…
ううう……
書くのが
大変なのか？
……
うん
たいへん
「書きたくない」
のではなく
「書くのが
つらい」のだ
これは
これからが
大変だ
でもようやく
ゴローの気持ちに
触れることができた
ふぅ
おわった
がんばっ
たね
ポン
よく
できま
した

ていねいな援助が必要

五年生の新学期。新しい学級が始まってから、すぐのことでした。国語の授業で板書《ばんしょ》した詩をノートに書きとるように言って、子どもたちの間を見回っていたときです。ゴローのところで立ち止まりました。何も書いていないのです。

「どうしたの、書かないの」とやさしく聞きましたが、何も言いません。「なんで書かないの」と語気《ごき》を強めました。すると、「書きたくない」とぼそり。「えっ?!」と思わず声をあげてしまいました。明快に「書きたくない」などといった返事を聞こうとは思っていませんでしたから。

ここから「やりたくない」ゴローとの出会いが始まりました。

「書くのが大変なのか」とゴローに聞きました。というのも、ノートをしているのを見ていたら、二〜三文字書いては深呼吸して、額の汗をぬぐっているのです。「うん、大変」と言いました。これはこれからが大変だと思いましたが、そのときなぜかやさしい気持ちにもなれました。ゴローの気持ちに触れたからでしょう。「書きたくない」のではなく「書くのがむずかしい、つらい」ということなのだと思えたのです。給食準備中、やっと出来上がったノートを持ってきました。《よくできました》のハンコを捺《お》してあげました。すると今までの緊張が解けたのか、ほっとした顔をして戻っていきました。「やればできるのだから」という励ましの声をかけながら、こんな子には、うんとていねいな援助が必要だなあと思いました。

第3章　困った子も「困っている子」

「やりたくない」ゴロー ②

次は
バスケットの
ドリブル練習
オレ
やりたくない
ぷいっ
よし！
先生と
やろう
やらない
ほら
こうやって
斜め前に
押し出す
ようにすれば
身体も自然に
前に進む
やってごらん
うまい
うまい
できる
できる
おー
うまい
うまい
できるじゃ
ないか
やれば
できるん
だから

励ましていたら本当にうまくなってきた
この子にはうんとていねいな援助が必要なのだ
「やりたくない」「できない」「わからない」はということだ
学級会の時間
討論の仕方を学ぶためリハーサルもしながら班と班が火花を散らす
生き物係は2班より1班のほうがいいです
ちがうと思います
はい
はい
はい
ぼくは反対です
先生！今日の学級会おもしろかった！
ゴローが集団活動に興味を持ちはじめた
変化が見えてきた
オレ興奮したよテレビやゲームよりもずっとおもしれーや

「やればできる」と励ます

四月十八日、五時間目の体育。今日もゴローは、体育着を持ってきていませんでした。列の外にいて一人でふらふらしているのです。

「ゴロー、体育着なくても認めるから、みんなと一緒にやりなさい」と言いました。体育着を忘れたら体育は見学ということになっていたのですが、忘れが続くので、許可しました。体育着忘れにも理由があるのだろうと思いました。運動やスポーツゲームが得意でないというゴローは、体育に参加したくないから体育着忘れをするのかな、と考えてみたのです。

あまりうれしくないような表情で列に入ってきました。柔軟体操や馬とびなどは下手ですが、他の子と同じように楽しそう。やはり体を動かすのは快いのでしょう。「体育は大嫌いだ」と言っていたのは本心ではないだろうと思えました。

次のバスケットのためのドリブル練習。すぐに「やりたくない」と引っ込んでしまいました。しかし、ここ数日でゴローの心情がつかめてきているので落ち着いて対応しました。

「うまい、うまい。できるじゃないか」と大げさにほめました。かわりばんこにやりながら「うまい、うまい」「できる、できる」を連発。本当にだんだんとうまくなってきました。「やればできるんだから」という励ましの声をかけました。こんな子には、ていねいな援助が必要なのです。「やりたくない」は「やれない」「できない」「わからない」ということなのだと思ったのです。

第3章　困った子も「困っている子」

「やりたくない」ゴロー ③

ある日の朝
奇跡が起こった
先生
これ…
計算ノートに
漢字ノート
日記も
家でやって
きたのかい？
イヒヒ
ぼく
夕ご飯のあと
12時まで
5時間10分も
勉強したんだから

確かにやってある
！
漢字も！計算も！
漢字ノ
計算は間違いだらけだけどそれは仕方ない
ゴローにとっては今までの2カ月分の量だ
5～6行の板書《ばんしょ》をノートに写すことさえも大変だった
あのゴローが
どれだけがんばったことだろう
日記も1ページ書き上げている
「お母さんのゴキブリ事件」
まへ〜ー！
グザベ〜ー！
あれ？
どこ？

ぴょ〜ん
ギャッ!!
…という話
ははは様子がよく伝わるね
エヘヘ
うれしいからみんなにも報告
ゴローがノートを3冊も
ゴローが?
ホント?
すごいな!うれしいな!
うひゃっ
パチパチパチ
そんな様子をじっと見つめていたのは本の虫ユキ江だった
パチパチ

自分のしたことを認めてほしい

ある日、ゴローがノートを三冊持ってきました。計算ノート、漢字ノート、そして日記。どれも、家庭学習用として三月に全員に揃えてもらったものです。出来るだけ毎日提出させているのですが、ゴローは本当に久しぶりの提出でした。

「ぼく、ご飯の後、十二時まで五時間十分も勉強したんだから」と自慢顔。

確かにやってあります。計算も漢字も、だいぶ進んでいるのでした。計算は間違いだらけでしたが、それは仕方がないことです。そして、日記。五～六行の板書《ばんしょ》をノートするのさえ言われてやっとなのに、一ページ分の日記を書いてきたのです。家であった「ゴキブリ事件」でした。様子がよく描けていて感心しました。

ノートを出してから、私の前で、しきりに首をひねったり、肩を上下させたり、腕を振り回したりします。自分のしたことを認めてもらいたいというデモンストレーションです。

おかしい。嬉しい。驚き。奇跡かな。こんな場面を絶対逃してはならないと思いました。

すぐに朝の会で、クラスのみんなに報告しました。私の拍手で、みんなも拍手。みんなが注目する中、ゴローを抱きしめ、頬ずりをしました。ゴローは盛んに照れていましたが、嬉しさも隠せませんでした。

そのとき、別の子どもに目が留まりました。ユキ江です。ユキ江は、本の虫。友達と遊ばない、外に出ない、運動しないという、ないないづくしの子。本を片時も離さない、「困った子」なのでした。

第3章　困った子も「困っている子」

本の虫ユキ江 ①

どうせ私はダメだもん
ひぃぃ〜
死んでやる！
これが口癖
またか…
ほっとこうぜ
体育の授業でも
ユキ江も走ろうよ
どうせ走れないもん
私なんか私なんか
ひぃ
いやいや…
そんなユキ江が今日
ゴローの変化をまぶしそうに見ていた
パチパチ
パチパチ
2時間目の体育は50m走記録測定
次の人位置について〜

順番を待つ列に
めずらしく
ユキ江の姿が
あった
よーい
バンッ
一番
おそくても
全力で
最後まで
ハァ
ハァ
ハァ
ハァ
完走
できたよ!
パチパチ…
がんばったね!
パチ…
ユキ江!
ニコッ
パチパチパチパチパチ
パチパチ

人に認められて自信を持つ

ユキ江は本が大好き。いつも本を離さない。授業中も休み時間も給食の時間も。「本の虫」と言われていました。彼女の口癖は、「わたしなんか、いなけりゃいいんだ」と「わたしなんか何やったってダメなんだから」。そして、やっていることが上手《うま》くいかなかった時や友達と気持ちが食い違った時などには「わたしなんか、死んだらいいんだ」と口走ったりします。

ゴローとユキ江に共通しているのは、他者と共に生活する、他者と心を通じ合わせる、息を合わせるなどといった、しなやかさを失っていることです。そして自己肯定感が低く何事に関しても自信がないことです。今、自己肯定感の低い子どもは多くなっていますが、ユキ江は、ひと目でそれと分かる子でした。ですから、人との関わりを増やしながら、人に認められることで自信を持たせていきたいと思っていました。

そんなユキ江がゴローの変身ぶりをまぶしそうに見ていたのです。

じきに、ユキ江にも変化がありました。縄跳びの前回しが十回やっとというユキ江は、かけっこも苦手中の苦手としているのです。そのユキ江が、なんと、五十メートル走の記録測定に挑戦したのです。前の時間では一度も走りませんでした。それが今回は、彼女なりの全力で走り切りました。間違いなく今朝のゴローの姿に触発されたのです。

みんなの盛んな声援を受けながら、ユキ江の表情はいつもより晴れやかでした。

第3章　困った子も「困っている子」

本の虫ユキ江 ②

そんな2人に学級文庫の係を頼みたいんだ
えー!?
やろうよいっしょに
がんばろうね!ユキ江ちゃん!
う…うん
リカに励まされユキ江は活躍の場所を見つけた
リカの誘いで
やろう
バスケット部にも入った
バシッ
そして12月学級文庫つくりに燃える2人は
みんなに提案します
「お年玉でひとり1冊良い本を買おう」
お年玉でひとり一冊買おう!を

冬休みの最後の日みんなで都心の大きな本屋へ
買いにでかけます
3学期「もちより文庫」を作って
みんなで読みましょう
子どもだけで大丈夫?
先生やお母さんにつきそってもらいます
ハーイしつもーん
本はどうやって決めますか
この提案はとても盛り上がった
「読書運動」の成果もあるけど
みんなで繁華街に出かけることに興奮したようだ
取り組みの中心にユキ江がいた

互いが成長に欠かせない存在

自分に自信が持てず、自己肯定感が低いことがユキ江の課題でした。そんなユキ江の成長に欠かせない存在になったのが幼《おさな》馴染《なじみ》のリカです。

リカは本をよく読みました。誰にも負けない読書量を自分の誇りにしていましたが、ユキ江も負けていませんでした。リカがユキ江に関心を持ったのは、そんなユキ江の読書量でした。

五年生の秋の読書運動をリードしてくれたのが、この二人でした。それから二人は意気投合していきました。一緒に学級文庫の係を務めました。朝の時間に読み聞かせをしたり本の紹介をしたりしましたが、ユキ江の力を活かしての取り組みは、徐々にユキ江の出番を作っていきました。

やがてユキ江の活躍は、ユキ江の自信を育てました。人前でやろうとしなかった跳び箱や縄跳びもするようになったし、チームプレイの必要なバスケットボールにも関心を持つようになりました。リカは、勉強もよくできましたが、運動もよくできました。ユキ江をバスケットクラブに誘ったのも、リカでした。学級の生活にも活気を見せ、仲間にも恵まれてきたユキ江が一番活躍したのは、冬休みを挟んでの時期でした。学級文庫係の取り組みでした。良い本が集まらないことに業《ごう》を煮やして考えたのが、強引に良い本を集めようという作戦でした。

この取り組みは成功し、ユキ江はますます元気になりました。ユキ江とリカ、彼女たちの成長にとって、お互いの存在は大きかったに違いないと思っています。

行きつ戻りつ ゴローとユキ江

さて2人の成長は順調かといえば…
ワイワイ
あいかわらずユキ江は班活動には無関心だが
泣く回数はうんと減り
明るくなった
ゴローは6年生の夏休み明けから
また忘れ物が多くなった
ヘラヘラ
ゴメ〜ン
反省してないぞ
学級会
ゴローくんは学級目標の「忘れ物をなくそう」を守ろうとしません
そうだそうだ

みんながんばっているのになぜですか？
忘れ物ばかりだと勉強する意欲も出ないと思います
そうだそうだ
産んでくれたお母さんが悲しむよ
真剣に心配してくれてるんだよ
みんなの声はゴローに届いたと思うよ
今度はゴローを応援できること
いっしょに考えてほしい
放課後ゴローは遊び仲間のアキラの家にいた
ゴローの班の班長リョウも加わり3人で勉強する会
これが3カ月続いた
えっと次はー
漢字ちがうよ
あ

もちろん勉強後の遊びもいっぱいしたけど
このカード!
わー
わー
ちょーレアー!
すげー
3班は今日も忘れ物ゼロです
班対抗忘れもの
パーチパチ
ハナマルシール
忘れ物もみるみる減っていった
保護者会にめったに来ない人が顔を見せた
ゴローの母です
みなさんにお礼を言いたくて来ました
とくにアキラくんとリョウくん
いつもお世話になって
子どもの成長は行きつ戻りつ
嘆きたくなるほどゆっくりでも
長い過程で見れば確かに成長している
だからあせらずに見守ろう

行きつ戻りつ成長していく

その後、ユキ江は、図書係の仕事を中心に自分の居場所と出番を作り始めました。ゴローはというと六年生になって、放課後の「学級レク」に残り集団遊びやスポーツをするようになりました。学習では板書《ばんしょ》の半分くらいを書きとり、宿題も半分はやってきて、学習用具の忘れ物も減りました。学期末には「来学期はもっと変わってくれるだろう」と期待しましたが、二学期に入ってまた学年はじめの様子に戻ってしまいました。意気高く班づくりをした翌日、ゴローは、家庭科をはじめとして、その日の学習用具をことごとく忘れてきたのです。もちろん宿題も。

みんなはあきれてしまいました。学級会の話し合いで「学習用具の忘れ物をなくそう」という取り組みを目標として決めたばかりでした。みんなが夢中になっている学級目標など、どこ吹く風。帰りの会での話し合いのとき。学級の子どもたちの発言がたくさん続きました。みんな真剣にゴローのことを心配してくれました。その後、子どもたちの間で、「勉強会」の取り組みが続いたのです。ゴローのお母さんが感謝の気持ちを伝えようと保護者会に顔を見せたときは驚きましたが、ゴローの成長は、親にも伝わっていたのでした。

ユキ江やゴローが成長したといっても実にゆっくりです。そして、行きつ戻りつです。しかし、五年生になる前のことや6年生になる前のことを思うと、やはり、学校の集団生活や学習活動を通して、確かな成長をしているのだと分かるのでした。

第４章　すれ違い・対立を乗り越える

ノボルの ポキポキ傘 ①

見ろよ ノボルの傘
開いたら 頭の上から骨が 降ってきたって
買ってやった ばかりなのに
この学校は どうしようもねえ 子どもばっかりだ
子育てもできねえ 親ばっかりだ
ノボルくん
いつも私と一番 おしゃべりする 子なのに
そんなこと ひとことも…
ねえ ノボルくん
今日クラスで 何か気になる ことあった？
ううん ないです

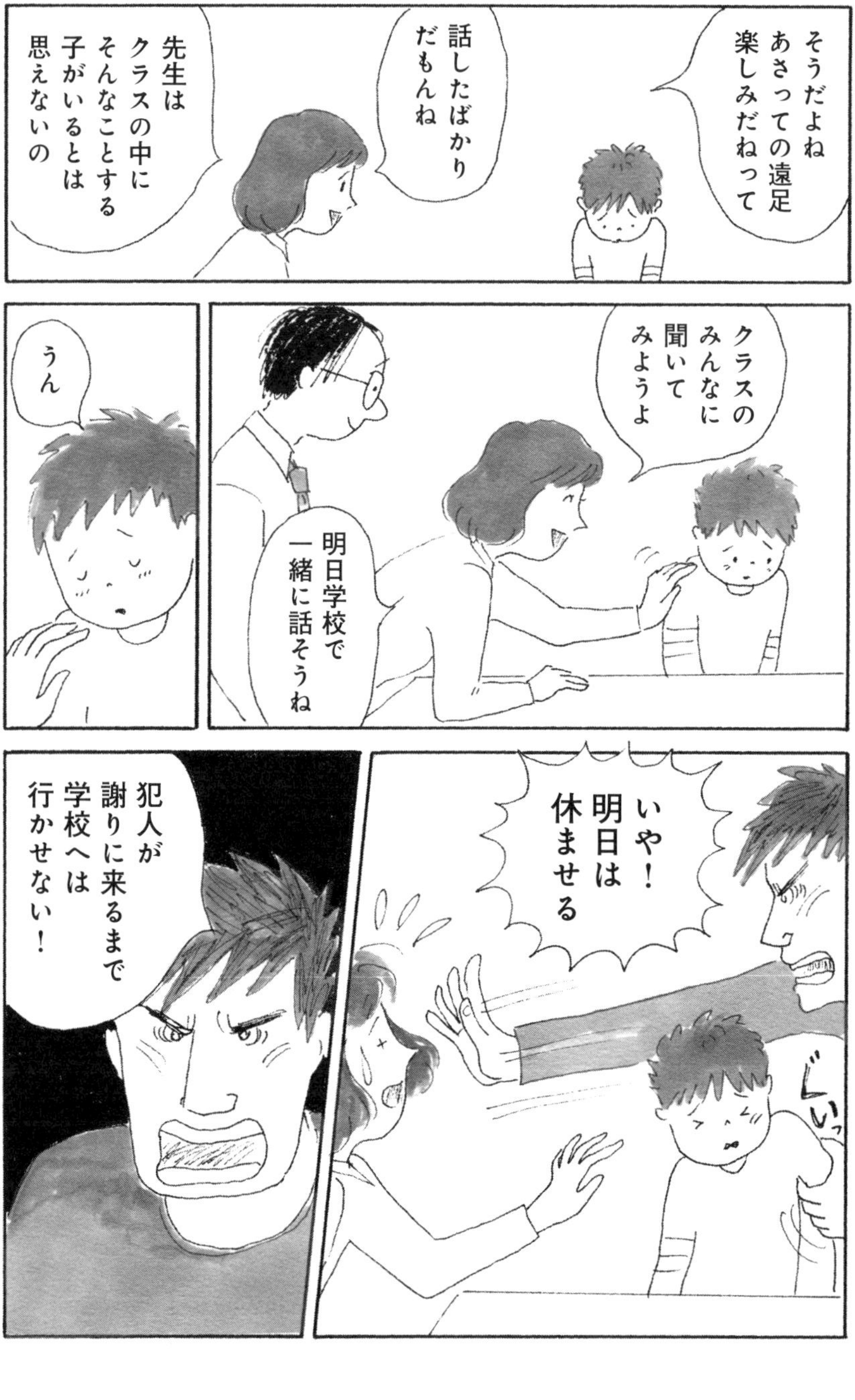
そうだよね あさっての遠足 楽しみだねって
話したばかり だもんね
先生は クラスの中に そんなことする 子がいるとは 思えないの
クラスの みんなに 聞いて みようよ
明日学校で 一緒に話そうね
うん
いや！ 明日は 休ませる
ぐいっ
犯人が 謝りに来るまで 学校へは 行かせない！

先生とノボルくんの心温まる物語

ノボルくんのお父さんは、骨がボロボロになった黄色い傘を見せ、

「傘を開いたら、頭の上から骨がふってきたって。買ったばかりの傘なんだ。どうしてくれる」

会議室の隣の職員室にまで聞こえる声で怒鳴りました。

さらにたたみかけるように、「この学校はどうしようもない子どもばっかりだ。子育てもできねえ親ばかりだ。すぐにでも転校させたいくらいだ」とまくし立てたのです。

四年二組の担任の土屋先生は、若い女性で、笑顔の素敵な優しい先生です。子どもたちが大好きで、子どもたちからも好かれていました。ノボルくんも土屋先生が大好きでした。

土屋先生はノボルくんに聞きました。

「今日クラスで何かあったり、気になることがあったりした？」

「ううん、ないです」

「そうだよね。先生はクラスの中にそんなことする子がいるとは思えないの。明日、クラスのみんなに聞いてみようよ。明日、学校で一緒に話そうね」

そこで、父親が口をはさみました。

「いや、明日は休ませる。犯人が謝りに来るまで学校へは行かせない！」と。

そこから、土屋先生とノボルくんの心温まる物語が始まったのです。

第4章　すれ違い・対立を乗り越える

ノボルの ポキポキ傘 ②

傘立ての掃除は6年生でしたね
う…
よろしくお願…
6年の子どもたちにも聞いてみますよ
初めての担任だからショックね
なんだか悔しくて
う…う…
重く考え過ぎずしばらく放っておいたら？
いえ！このままでは！
土屋先生はノボルのお母さんに必死に食い下がった
遠足だけはぜひ一緒に！
明日はとりあえず休みます
明日の放課後もう一度ノボルくんと2人で話をさせてください
翌日—
ノボルくんは体調悪くてお休みです
ところで…
昨日の放課後

ノボルくんの傘がポキポキに折られてたの
みんな何か知ってる?
かわいそう
ひどいね
そのショックでノボルくん病気になっちゃったのかな
なるべくノボルくんと一緒にいて守ってあげようよ
じーん…
やっぱりクラスに犯人なんていないな
ノボルくんあの黄色の傘大好きだったのに
雨じゃなくても広げて振り回してたよね
えっ?!

土屋先生の心は痛みました

「今回は傘だったけど、コイツのからだに何かされたらどうするんだ！　お前らは責任取れるのか！」

四年生になるまでに、親として我慢できないことが何かあったのでしょう。えらい剣幕《けんまく》で、ノボルくんを乱暴に引っぱって帰っていきました。ノボルくんの父親が怒りをぶちまけて帰って行ったあと、明日からのことを考えました。異動してきたばかりの若い土屋先生を、他の先生方は心配してくれました。先生方から優しく声をかけられて、土屋先生は涙を流しましたが、でも、こんな経験は初めてで、悔しくて仕方がなかったのです。しばらく放っておいてもいいと言われたのですが、土屋先生は一度だけ電話をしてみようと考えました。電話で、ノボルくんのお母さんと話ができました。

「登下校が心配なら、私が送り迎えをします。学校でも、学級の子どもたちと相談して一人で行動しないように工夫します。遠足もぜひ一緒に行きたいのです」と誠心誠意訴えました。

「学級でも話をしますが、事件の状況が分からないし、ノボルくん自身ともよく話ができていないから、明日の放課後、話をしに伺いたい」と伝え、放課後になったらノボルくんが学校に来てくれるという約束をしてもらいました。

明日、子どもたちと話し合ってみよう。子どもたちから聞いてみよう。いじめやいたずらがあったなんて信じられないし、考えたくないけれど。ノボルくんだって、遠足を楽しみにしていたのに。

土屋先生の心は痛みました。

ノボルの ポキポキ傘 ③

ノボルは
お父さんに
買ってもらった
黄色い傘が

大好きだった

放課後
ノボルは学校へ来た
傘のことで先生に話すことある？
やった人がわかるまで学校に行かせないってお父さんも母さんも言ったけど
明日の遠足は行きたいので行くことにしました
そう よかった

先生 傘が折られた こと聞いて つらかったよ
それを見た ノボルくんの 気持ちを思って
お父さんも きっとすごく 心配したよね
クラスで話したら みんなも心配 してくれた
それでね 傘のこと 見てた子がいて 話聞いたの
嘘をつかれる ことが 一番イヤだな
本当のこと 話してくれる ノボルくんを 先生 嫌いに ならないよ
これからも きみの話を 信じたいから
ぼくが…
傘で遊んでたら 折っちゃって…
お父さんに 怒られるのが 怖くて 嘘ついて…

うん！ちゃんと言えるじゃん！
お父さんとお母さんにも自分で話せる？先生が話す？
自分で言います
すごく怒られるかもしれないよでも嘘ついてたんだからそれは自分で乗り越えなきゃね
応援してるから
正直に話してくれてありがとう
先生はきみのこと大好きだよ
はい

土屋先生のまっすぐな姿勢

私は、土屋先生のまっすぐな姿勢に心を打たれました。

「子どもを信じたい」「子どもを信じられる」

という強い思いがあったからでしょうか、あきらめない姿勢が、状況を好転させました。子どもへの信頼が、子どもの心を開かせました。

お父さんに買ってもらった新しい黄色い傘。ノボルくんは、嬉しくて仕方なかったのです。雨が降っていないのに、傘を広げて楽しんでいました。開いたりすぼめたり振り回したりして楽しんでいるとき、骨が折れてしまったのです。その後、お父さんに怒られるのが怖くて、嘘をつくことを考えたのです。

こういう事例は、少なくありません。土屋先生が優れていたのは、子どもがなぜ嘘をついたか、その「心の内」を受け止めてあげることができたことです。そして、「嘘をついた自分」より「正直に話した自分」を評価しています。さらに、「君のことが好きだよ」と心から語りかけています。

土屋先生は、父親からあれだけ激しく罵倒《ばとう》された悔しさも、子どもが自立する方向に動いているとき、忘れています。子どもの成長を第一に考えているからです。

「ほかの誰かにやられたわけではなくて本当に良かった」

「正直に話してくれたことは素晴らしいこと」

と言う土屋先生の素直な気持ちに触れ、母親も父親も、土屋先生に感謝していました。

第４章　すれ違い・対立を乗り越える

ミカとお母さんのゆれる心 ①

2年生の
第1日目
始業式
お母さんに
連れられて
ミカさんが
登校した
久しぶりの学校が
うれしそうで
緊張の中にも
笑顔が

ミカさんは1年のとき日常のもめごとから
ミカが抱きついてくる
やめてと言ってもやめない
水こぼしても謝らない
ミカのバーカ
ミカきらい
いじめを受け
3カ月の長期欠席をしていた
お、おちついて…
いじめた子も学校を休むべきですよ！
トラブルは親同士の対立・不信感に発展
2年からは組を替え私が担任をひきうけることになった
ミカさんよろしくね
よろしくお願いします
お会いできてよかったです

ていねいな対話が必要だ
これからは連絡帳で何でも伝え合いましょう
信頼関係を築くために
そして1回目の連絡帳が届いた
気になることがあります
川崎くんはいつもちょっかいを出してきますが始業式の日も
川崎くん
ミカは何組？
1組
げー同じ組だ
もう構わないでほしいです
それから青木くんですがあの子は幼稚で乱暴です以前首を絞められました
青木くん
バーカ
バーカ
今は大丈夫ですがお伝えしたほうがよいと思いまして（ミカの母）
びっしりと並んだ文字
驚いた
トラブルの種はひとつではなかったのだ

さいしょは子ども間のトラブル

子どもの間で起こるトラブルは、本来子どもの成長にとって貴重なもの。誰もが分かっていたことが、今そうでもなくなってきています。子どもの間で起きたトラブルが、親と親とのトラブルになったり、担任教師や学校との対立となったりすることが、多くなっています。

ミカさんの場合もそうでした。事《こと》の発端《ほったん》は、一年生の二学期はじめのことでした。ミカさんへの不満が表面化してきました。「抱きついてくる」「机を前につめてきて足をのせる」「床に水をこぼしたのに自分でふかない」「絵の具の筆洗いで画用紙をよごされた」「あやまらない」といった、日常生活のなかでもめごとが発生してきたのです。

結果としてミカさんへの攻撃が始まりました。「バカ」「ブタ」「きらい」などの言葉による攻撃でした。女の子が中心でした。悪口を書いた自由帳が親の目に留まることもありました。

九月中頃、「女の子たちからいじめられている」「学校に行きたくないと言っているので学校を休ませたい」という訴えが担任にありましたが、担任の説明と対応は、親の納得を得られないばかりか、担任への不信感を募らせてしまいました。いじめたという子たちの親への非難も続き、子どもを巻き込みながら親の間でのトラブルが続きました。

やがて親を相手の裁判訴訟騒動にまで発展していきました。その後、ミカさんは学校を休み、親からの担任への抗議が続きました。一つの解決策として組替えを考え、二年生の春を迎えました。

第4章　すれ違い・対立を乗り越える

ミカとお母さんのゆれる心 ②

ミカさんの母親は孤立していた
その疑念はやがてかたちとなって表れた
青木くんがやはり不愉快なことを言うそうです
この暴力女！
謝罪の言葉なんてもういらないので先生がちゃんと注意してください。私もミカもかなりストレスがたまっています
あんな子のせいでミカが落ち込むなんて。先生は悪いことをしたらもっと叱るべきです。先生の教育はきれいごとに見えます（ミカの母）
アカンベー
会って話すと伝えるために電話をしたらそのまま1時間も激しい口論になってしまった
会いたくありません会って話すと先生に説得されてしまうので
夫は海外出張中だし
客観的に冷静に考えてほしいんです

青木くんがミカをにらみつけたそうですまるでチンピラじゃないですか
自分の子の言い分だけで判断しないでください
友だちが証人です
青木くんの態度が変わらないなら主人と私で何らかの方法を考えますよ
脅しですか
ミカさんは友だちの中でたしかに成長してきているんです
それを台無しにしないように!
これ以上は繰り返しなので電話を切ります
あとはひとりで冷静になって考えてください
ガチャ
また
登校拒否になってしまうだろうか…
しかしミカさんは休まなかった
先生おはようございます
ドン
いつも通り私に甘えてきて
なにごともなく1学期が終わった

子どものトラブルを見る目

連絡帳を使っての「ていねいな対話」は、五月、六月と続いていきました。その間、いくつかのトラブルを繰り返しましたが、六月は子どもの成長も順調で、母親の気持ちも落ち着いていました。子どもの調子が悪い時は親の心の動揺も激しくなるということが分かりました。また、親の精神状態が不安定な時は、子どもの精神も不安定になるということも分かりました。

友だちづくりを中心とした集団づくりの成果もあらわれてきました。学校での様子は、評価すべきことを中心に具体的に伝えました。問題になることも伝えましたが、こみいったことは直接会って話したり電話をしたりしました。この調子でいけばいいなと思っていたのですが、このまま何もなしでいくはずもない、とも思いました。

四月六日の始業式からのミカさんの欠席はゼロでした。母親は、六月の授業参観にも七月はじめの保護者会にも参加してきました。七月の保護者会では、「皆さんにご心配かけていますが、何とか楽しく学校に行けて友だちも増えてとても喜んでいます」とにこやかに発言しましたが、その言葉を聞く他の親たちの、疑いを持った視線には驚いてしまいました。親たちの持つ疑念は、かたちになってあらわれました。青木君とのいざこざが噴出したのです。

我が子の言い分だけに耳を傾けて、客観的に判断しようとする意思を持たない、という子どものトラブルを見る目の問題点が透《す》けて見えました。

第４章　すれ違い・対立を乗り越える

ミカとお母さんのゆれる心 ③

9月
2学期は朝の会・帰りの会を重視した
はい ミカさん
青木くんが私のことをバカと言いました
はいはい！ミカが割り込みしてきたからです
だけどバカって言うのはひどいです

不満を家に持ち帰らない
集団の中で解決する
自己中心的なミカさんをなんとか集団の力で育てていきたい
夫は海外出張中なので
孤独な子育てを強いられている母親への共感もあった
青木くんは言い方が乱暴でよくないと思います
ぼくもそう思いまーす
青木くんは気をつけてください
はーい

ミカさんも順番を守らないとみんなに迷惑がかかります
ミカさんこれからは順番を守ってください
子どもたちもはじめはミカさんに遠慮がちだったが
客観的に批判し合う関係ができクラスの雰囲気も変わってきた
はい…
パチパチ
パチパチ
発言は批判ばかりではない
ぼくが教科書忘れて困ってたらヤスくんがいっしょに見せてくれました
うれしかったです
人から認められる喜びを知り
子どもたちはさらに成長していった
ヤスくんありがとう
パチパチ
パチパチ

子どもは子どもの中で育つ

やはり、子どもは子どもの中で育つものです。ミカさんの場合もそうでした。

ミカさんが成長していった理由の一つに、朝の会、帰りの会を大事にしたということがあります。「みなさんから何かありますか」という自由発言コーナーでの話し合いづくりです。九月、十月は徹底的に、友だちへの訴え、苦情を大切にしました。子どもたちの中で起きたトラブルは、話し合いを通して解決させていくようにしました。教師に訴えてきた苦情も、帰りの会や朝の会に出すようにさせました。

ミカさんは、はじめ朝の会、帰りの会で頻繁に手をあげて、青木君を中心に取り上げ、文句を言っていました。青木君はミカさんのことを言い、二人で毎日のように応酬《おうしゅう》していました。不満を家に持って帰らせないこと、集団の中で解決していくことを考えて、朝の会、帰りの会で苦情を出させるようにしたのです。自分の訴え、苦情がいつも通るわけではありません。自分の言い分が通らないばかりか、逆に謝らなくてはならない立場になることもあります。そのことは、いい経験を積むことになりました。

一方、朝の会や帰りの会では、批判・苦情とは違った内容も育てていきました。一日を振り返って「よかったこと」「うれしかったこと」「やさしくしてもらったこと」「助けてもらったこと」などを発表し、友だちを認めたり、友だちに感謝したりすることも徐々に増えていきました。人から認められることの喜びを知ることになったのです。

第４章　すれ違い・対立を乗り越える

ミカとお母さんのゆれる心 ④

学芸会「ぞうのたまごのたまごやき」
あなたのセリフはこの劇にとってとても大事なセリフだからね
ぞうはたまごをうまないよ
帰りの会——
今日元気くんが「私がいると学校が楽しい」と言ってくれて
うれしいです
ミカさんの心の揺れが小さくなったようだ
ハキハキしてひょうきんなミカさんはけっこう人気があった
朝の会——
昨日はミカちゃんと足立くんと遊んで楽しかったです

生活科「お店屋さんごっこ」
ちーちゃんのお母さんから誘われまして
え？…
わたしでいいんですか
「お店屋さんごっこ」の準備の日子どもたちの手伝いに私もうかがいたいと思います（ミカの母）
ちーちゃんのお母さんはPTA委員
お手伝いありがとうございます
花屋・めんこ屋・ボウリング屋・段ボールハウス…
お店屋さんごっこを成功させるにはたくさんの保護者の援助が必要不可欠なのだ
ちーちゃんおさえてて
この段ボールをつなげよう
元気くんそっち持って！
この日誰よりもはりきっているミカさんのお母さんがいた
これでいい？
OK！バッチリ

ミカさんの成長と母親の変化

ミカさんにとっては、はじめての運動会。むずかしいバンブーダンスも、グループ練習の中でクリアしました。そして、他の競技もこなして、自信を持つことが出来ました。昨年は参加を見送った運動会でしたから、親はよけいに安心したに違いありません。

学芸会の劇「ぞうのたまごのたまごやき」では、「あなたのセリフは、この劇にとってとても大事なセリフだからね」といったアドバイスから真剣に取り組み始めました。

ミカさんは、こうした秋の学校行事への参加の中で、人との関わりを深め、自分の役割、集団の中での自分の存在を理解していきました。自分だけでない大勢の人との協力が必要であること、みんなと一緒に気持ちを合わせるなど、今までに経験しなかったことが、ミカさんの成長につながったのだと思います。

「ミカさんがいると学校が楽しい」という声が、クラスの人気者の元気くんからありました。さっそく帰りの会でミカさんが「元気くんが、私がいると学校が楽しいと言ってくれてうれしいです」と発言しました。

その後の生活科「お店屋さんごっこ」の手伝いで学校に顔を見せたミカさんのお母さんの表情は今までの中で、いちばん明るく感じました。他の親とのつながりが少しずつ出来てきたことも嬉しいことでした。

第４章　すれ違い・対立を乗り越える

ミカとお母さんのゆれる心 ⑤

後ですぐ呼んで話をした
青木くんの気持ちになって考えたら
喜ぶなんておかしいでしょ
ミカさんが努力しなきゃいけないことは人の気持ちを理解すること
友だち作りの基本だよ
・・・
それから数日後――
かけざん九九の苦手な青木くんを
えっと
しち・さんにじゅう…
えっと…
懸命に応援するミカさんの姿があった
もう少し
さん・しちと同じだよ
ミカさんえらいね

それから 2人は急接近
友だち だもんね
ねー
犬猿の仲だった あの2人が！
どうやって 仲良く なったの？
いやがってちゃ ダメだから ぼくから 友だちに なろうって 言ったの
私も いいよって 友だちに なろうって
へぇー
みんなで 拍手を 送ろうね
ミカさんと 青木くんの 心と心が あくしゅ
パチ パチ パチパチ…
きっと もう大丈夫 黒板に 残しておこう
つくづく 子どもたちの 無限の可能性に 驚かされた

心と心があくしゅ

十二月の第二日曜日、ミカさんと犬猿の仲になっていた青木君が引っ越しをしました。引っ越しても、三月まで、今の学校に通うことになりました。そんな事情を子どもたちに話していたとき、ミカさんが声を出して喜んだのです。

すぐミカさんを呼んで話をしました。「青木くんの気持ちになって考えたら、あんなふうに喜ぶなんておかしいでしょ」「ミカさんが努力しなければいけないことは、人の気持ちを理解すること」「友だちづくりの基本だよ」と。

それから数日後、ミカさんと青木君が接近し始めました。席に近づいて話をしたり、本を一緒に見ていたり、一緒に粘土をしたりなどし始めたのです。十二月は「かけざん九九」の取り組みで、学級中が夢中になっていました。青木君は合格するのに時間がかかっていたのですが、一生懸命努力していました。他の子たちと同じように青木君を応援しているミカさんの姿が見られるようになったのです。

ミカさんには、そのことをうんとほめてあげました。私からほめられたことを、とても喜んでいました。それからさらに二人は急接近。終業式前日、二人で一緒に自由帳に絵をかいている姿を見かけました。

終業式後の教室。二学期まとめの話の中で、二人に「大きな拍手」をしました。黒板には「ミカさんと青木くんの心と心があくしゅ」と書きました。つくづく子どもたちの無限の可能性に驚かされました。

第５章　心に届く対話・説得を

「愛のムチ」なんてない ①

「愛のムチ」という言葉がある
おとなにとって都合のよい落とし穴ではないか
先生大変！
マモルくんが怪我した！
職員室
目が
見えない
出血!?

幸い
まぶたを切っただけで
目に異常はなかったが

ごめんなさい
なるべくユウタを見ないようにした
ユウタを見たら怒りが爆発しそうだったから
ぎゅっ
苦い失敗を思い出していた
私がまだ20代
6年生の担任を受けもったときのこと
宮田ヨシヒコくん
ひょうきんで優しくて
誰もが親しみを込め
ミヤッチと呼ぶ
人気者
そんな彼だから
あのとき
なおさら
許せなかった……

大和久先生からのメッセージ

決め手は「共感」

「愛のムチ」という言葉がいまでも生きています。大人が使う、都合のよい言葉です。「愛があるなら」「子どもとの信頼関係があるなら」とかの言葉も聞かれます。教育現場には、「あの子のためを思って叩いたので、それは体罰《たいばつ》とは違う、ましてや暴力だなんてとんでもない」と言う人がいます。親だってそうです。子どものしつけに責任を持っているのだから、親が子どもにすることに口出ししてもらっては困るという人も多くいます。

しかし、虐待・暴力による子どもへの危害を、弱い立場の子どもたちは防ぎようがありません。子どものためを思ってのことだからという「愛のムチ」論は大きな落とし穴です。教師や親の側に愛があれば、子どもとの間に信頼関係があるならば、いいのでしょうか。親だったら許されるというのも違うのではないでしょうか。

愛を注ぐなら、もっとていねいな暴力的でない方法があります。本当に子どもの心に届くのは、強圧的《きょうあってき》な説教でなくていねいな説得・語りかけ・対話です。また、子どもの人格を対等に認めて子どもの心に寄り添ったとき、体罰・暴力を超えるしつけや指導が成立するのではないでしょうか。ここでも、子どもへの「共感」が決め手です。

第５章　心に届く対話・説得を

「愛のムチ」なんてない ②

理科室でのミヤッチは
いつもと違っていた
あれ？ ミヤッチ 教科書も ノートも 出してないぞ
……
聞いてるのか？
ツン
どうした？ ミヤッチ！
返事ぐらい しろよ！
うっせーな
カチン
な…なんだ その態度

理科準備室へ来い！
ぐいっ
みんなは実験を続けて
は…はい
こっちを見ろ！
ミヤッチ！答えろ！
なぜだ！
先生の目を見ろ
なぜ黙ってるんだ！
いちいちうるせーな
なんだと!?

バシッ
ふざけるな！

平手で体罰した日

家庭でも子どもを叱《しか》ります。学校でも子どもを叱ります。叱ることは大事なしつけや教育です。叱るべきときに叱らないでいたら、教師や親として失格です。

そんな場面で、体罰を受けた経験も体罰をした経験もあるかもしれません。それで良かったという経験も、納得できない、許せないという経験もあるでしょう。しかし、子どもに振るった体罰の大半は子どもの心を傷つけています。

私には体罰の苦い経験があります。それは私が二十代後半の頃のことで、高学年を受け持っていたときにあったことです。

宮田くん。ふだん明るくひょうきんな優しい子で「ミヤッチ」と誰からも親しみを込めて呼ばれていました。私も宮田くんを、ほとんど「ミヤッチ」と呼んでいました。そんな彼だから、そんな彼との関係だったから、許せなかったのです。

理科の時間、理科室で問題は起きました。学習態度が実に悪かったのです。数日前から態度の変化には気づいていました。何か投げやりな態度を見せていました。それでもいままでは、この日のように反抗的な態度ではありませんでしたから、この理科の時間の態度はどうしても許せなくなりました。

その態度はなぜか、と問いただしても、答えようとしません。大きな声を出して脅《おど》しても口をへの字に曲げて答えません。私はとうとう我慢できず、ミヤッチを平手でたたいてしまいました。

「愛のムチ」なんてない ③

ミ……
ミヤッチの
ために
……
次の日 ミヤッチは
風邪で休んだ
後味の悪さは
感じたが
反省すべきは
ミヤッチだから
しかし次の日も
宮田くん
今日も
お休みするって
本人から
電話が
本人から?
少しいやな
予感がした
わかりました
電話入れて
みましょう

プルルル…プルルル…
プルルル…プルルル…
病院に行ってるのかも
放課後にようやく
はい宮田です
つながった
風邪の具合?
なんのことですか?
ヨシヒコならいま学校から帰ってきたところです
いつもより早くて…
えっ?
ヨシヒコ…
シャー
シャー

親に内緒で

理科の時間、ミヤッチの態度がどうしても許せなくなりました。とうとう胸倉《むなぐら》をつかんで立ち上がらせ理科準備室に連れていきました。その態度はなぜか、と問いただしても答えようとしません。大きな声を出して脅《おど》しても、口をへの字に曲げて答えません。私はとうとう我慢できず、平手《ひらて》でたたいてしまいました。ミヤッチはそれでも何も言いませんでした。唇を噛みしめながら泣いていました。私も腹立たしさと悲しさが交錯《こうさく》して複雑な思いでした。

翌日、ミヤッチは学校を休みました。「風邪《かぜ》で休みます」という連絡が職員室に入ったという伝言をもらっていたので、それほど気にとめませんでした。昨日のことについていえば、後味《あとあじ》の悪さは感じたけれど、悪いのはミヤッチだという思いの方が強く、彼に反省を促《うなが》したい気持ちには変化がありませんでした。

次の日にも同じように早朝、学校に連絡がありました。「本人から」と聞いて嫌な気持ちがしました。午前中に一回、お昼を過ぎたところで一回、電話を入れてみました。誰も出ません。医者へ行っていたり、本人だけのときは出ないようにする場合もありますが、やはり気になりました。

放課後、もう一度電話を入れました。お母さんが電話に出ました。仕事から帰ってきたところのようでした。ミヤッチの病気の具合を聞いたのですが、返ってきた言葉に驚きました。「いま学校から帰ってきたところです」と言うのです。私は、激しく心を揺さぶられました。

第５章　心に届く対話・説得を

「愛のムチ」なんてない ④

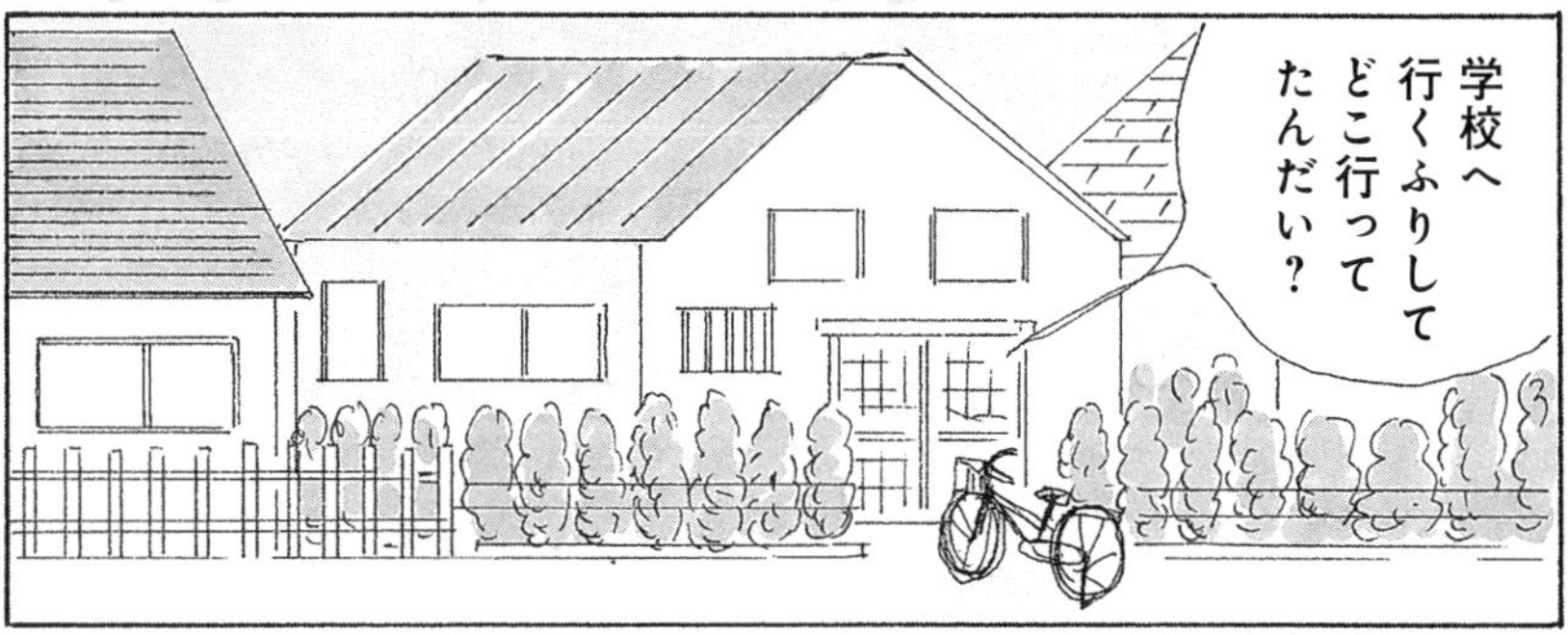

私は台所にいますね
そのほうが話しやすいでしょ
………
となり町に行って…
公園をいくつもまわって時間をつぶして
みんなに会わないように少し早めに家に戻った
原因はなに？
先生がたたいたから？
先生がキライだから？
じゃあなんで…

最近は山本くんと
仲良く遊んでいるんだろ
仲良くなんかない！
山本くんは遊んでるつもりだろうけど
脅《おど》されたり命令されたり力が強いから逆らえなくて
言うこときけよ
いててて…
わかったよ
もういやなんだ
学校がつらいんだ

明かされた意外な真相

仕事から帰ってきたお母さんが電話に出ました。ミヤッチの病気の具合を聞いたのですが、返ってきた返事に驚きました。今、学校から帰ってきたところだというのです。

激しく心を揺さぶられました。「何で？」と絶句してしまいました。昨日も今日も、早い時間から学校へ出かけて行ったと言われたのです。

すぐに学校の自転車に乗ってミヤッチの家に行きました。何が何やら分からない気持ちで家に上がり、ミヤッチと向かい合いました。

この間とは違って、反抗的な様子はまったくありません。とても疲れた感じでした。お母さんは最初は心配で近くにいましたが、ミヤッチが話をしづらそうにしていたので、台所に立って行きました。そして二人になって、ミヤッチが私の問いかけに答えるのに、そんなに時間はかかりませんでした。

聞いて驚きました。そして私の愚かさを悔やみました。ミヤッチは、学校に行くと言って家を出て、学区域の外の公園をいくつか転々として時間が過ぎるのを待って家に帰っていたのです。みんなと会ってしまうといけないので、少し早目に家に戻っていたのです。不覚でした。

さらに私が驚き、自己嫌悪を持つに至ったのは、その事情でした。先生に怒られたから、先生にたたかれたからという以上に、事情は深いものでした。

山本くんから、執拗《しつよう》ないやがらせを受けていたのです。それは「命令」でした。

第5章　心に届く対話・説得を

「愛のムチ」なんてない ⑤

私は
ミヤッチの
何を見て
いたんだ
なんとか言え!!
ミヤッチ!
おい!
こんなはずないと
焦りのすえに……
バシッ
ミヤッチのために……
ハァ
ハァ
ハァ
ハァ
なにが
ミヤッチの
ためだ
ただ怒りを
ぶつけただけだ
これは
「愛のムチ」だと
自分に言い聞かせ
ていたんだ

苦しんでいる
ミヤッチを
私は
さらに傷つけ
追いつめて
しまった！
謝らなきゃいけないのは先生のほうだ
約束するよ これからはミヤッチを全力でまもる
山本くんとの関係もなんとかするから
どうか学校に来てほしい
この失敗は
20年たった
今でも
忘れない

足りなかった洞察力

ミヤッチの話を聞いて驚きました。山本くんから、執拗《しつよう》ないやがらせを受けていたのです。先生の指示に従わなかったり逆らったり、反抗的な態度をとるように強く「命令」されていたのでした。ミヤッチの数日間の変化、理科室での振る舞いはそういうことだったとは。

私は、自分が恥ずかしかった。変化や態度に不審を抱かずに、なぜだ、こんなはずがないという焦《あせ》りや腹立ちから、体罰という暴力をふるってしまったのです。もっとよく観察をして、不審に思った点を聞いてあげるべきだった。事情を知ろうとせず、大きな声で怒《ど》鳴《な》り、脅《おど》し、暴力まで使ってしまったのです。ミヤッチは「先生、ごめんなさい」と言いました。お母さんも自分の子が悪いと言ってくれました。でも、違います。私がいけなかったのです。子どもの心への洞察力が足りなかったのです。もっと観察し、もっと語り合うべきでした。ミヤッチに謝りました。そして、山本くんへの指導と山本くんとの関係の修復を約束しました。

次の日、山本くんと二人で長い時間話をしました。わかったことは、山本くんもまた受験というストレスで心の動揺があったということでした。六年生になって、地域の野球チームをやめた。私立中学受験に向けて大好きな野球をやめなければならなかったのです。泣きながら話す山本くんを前に、改めて子どもの心への洞察力と共感力の大事さを知りました。やがて二人の関係は良くなり、ミヤッチは以前の素直さと明るさを取り戻しました。

第５章　心に届く対話・説得を

「愛のムチ」なんてない ⑥

ユウタはゴルフクラブでふざけて友だちに怪我をさせた
あやうく大事故になるところだった！
とりあえず教室で待機してて
…はい…
ユウタと目を合わせたら怒りの感情があふれ出てしまいそうだ
なんども深呼吸
私が冷静にならなくては
フー
ガラガラー

先生はいまとても悲しいよ
でも誰だって失敗はする先生も何度か失敗してきた
大事なことは失敗をくりかえさないこと
そこから学んで成長することだ
ユウタもいまはとても悔しい気持ちだろう
たぶん先生の何倍も
クラスのみんながユウタの失敗をくりかえさないよう学んでいこう
先生はきみたちの力を信じているよ

ユウタにも
ちゃんと
伝わったようだ
感情が先走り
怒鳴り飛ばしたり
ましてや
平手打ちなどしないで
本当によかった
ミヤッチの
事件以来
体罰という名の
暴力を
ふるわなくなったが
ミヤッチは
私を
許してくれて
いるだろうか

説得力こそ心に届く

ユウタは、学校に持ち込んだゴルフクラブを振り回し、一緒にいたマモルにケガをさせてしまいました。目の下が切れていただけで目に異常はなかったのが不幸中の幸いでした。

私は、感情がほとばしり出るのをぐっとこらえ、ユウタを見ないようにしました。ユウタを見たら何か言いそうだったし、単なる説教で済むような気がしませんでした。ユウタを先に教室へ帰し、何度も冷静になろうと深呼吸を繰り返してから、子どもたちの待っている教室へ向かいました。

朝のチャイムが鳴った後の校庭での出来事だったので、教室に入っていた子どもたちは詳しい事情を知らなかったのですが、遅く帰ったユウタの様子や、教室に入った時の私の雰囲気から、何かしら感じとっていたようでした。

私は非常に悲しそうな顔をして、子どもたちに事情を話し、そして、語りかけました。

みんなは、私の声を聞き逃さないように静かにして聞いてくれました。ユウタは、自分の席で全身を硬直させて、うつむき加減に私の話を聞いていました。私はユウタを意識しながら話を続けました。ユウタは、私の話を聞きながら、ぽろぽろと涙をこぼしました。余韻の残る涙でした。

そして、次の日からユウタはしばらくの間、注意深い行動や状況をよく見ての自覚的な行動をするようになりました。感情的に叱《しか》ったりしないで良かったと、つくづく感じたのです。私たちに必要なことは、脅しや暴力でなく、相手の心に届く説諭《せつゆ》や説得ではないでしょうか。

第6章　子どもは誰でも変身できる

ハルキの変身 ①

まずは
大和久先生の
子どもの頃の話
戦後まもなく
幼稚園が急速に
広がった時代
1日体験
入園したが
○○ようちえん
子どもたちの
元気な声に
足がすくんで
けっきょく
幼稚園には
行かずじまい
わー
わー
わー
わー
キャー
キャー
キャ
キャ

小学校に上がっても
いろいろな理由をつけて登校を渋る子どもだった
だってカサがさしにくい
今日はいかない
持っていく袋がない
あるとき母にひかれて川岸へ行った
あんた
そんなに学校に行くのがイヤでこんなにお母さんを困らせるなら

でも
なかなか学校になじめず
いじめも経験した

「トイレに行きたい」
この一言が言えず
もらしてしまう
そんな子だった

大和久先生からのメッセージ

誰でも変身するチャンスが

子どもは誰でも変身するチャンスがあります。周囲からの共感と励ましが、子どもを変身させます。まず、ありのままを認めてあげることです。変身するチャンスはいつだってあります。自己評価が高まり、自己肯定感が育つことがカギです。それは他者に認められることです。教師や親、そして何よりも周りの仲間たちの評価によって子どもは変身します。私もそうでした。

子育て・教育を進めるうえで「忘れてはならないこと」がいくつかありますが、なかでも重要なのは、成長・発達の個人差への着目です。このことは、保護者会で必ず話すようにしています。私自身の経験をもとに話すのです。私は、小さいころ、登園を拒否したり登校を渋ったりして、親を心配させたり悩ませたりしました。そんな子が、やがて、人前に立って話をしたり、人に勉強を教えたりするようになったのです。これは、目に見える大きな変身でした。

肝心なことは、成長・発達には個人差があるということです。

きょうだいが二人、三人いても、その三人には違いがあるのだということが、意外とわかっていないのです。また、自分の子どもの成長を他の子と比べて考えてしまいがちです。きょうだいと比較したり、他の子と比べてみたりするのではなく、それぞれに成長・発達のプログラムがあるのだということを、しっかり心に留めておくことが大事なことなのです。

第６章　子どもは誰でも変身できる

ハルキの変身 ②

子どものころの大和久先生はとても内気で学校嫌いだった
今では信じられないけど
フォークダンスの練習では
痛い！

足踏まないでよ！
ヘタクソね！
脳内イメージ
怖くて怖くて
その子の顔を
今でも忘れない
本当に
弱虫だった
今思えば
不器用で
弱虫だった
経験が
あるから
似たような
子どもの気持ちが
よくわかるのかも
しれない
あるとき
担任の先生が
大和久少年の
絵を壁に
貼ってくれた
大和久くんは
いつも絵が
じょうずね
得意な絵を
認められ
初めて自信が
もてた
それから
みるみる
変身して
いった

「変身」といえば
昔の教え子
井坂ハルキ
彼から
結婚式の
招待状が届いた
先生
お願いが
あります
ぼくの結婚式の
来賓のあいさつで
アノ時の話を
してください
もちろんだよ
ぼくもぜひ
アノ話を
参列者の
みなさんに
聞いて
もらいたい
小学3年生の
クラスの仲間と
井坂ハルキの
話を

認められて、子どもは変身する

小学校へ上がっても私は、登校を嫌って、親を困らせました。傘の柄《え》が回ってさしにくいとか、今日持っていく袋が気に入らないとか、その都度理由をつけながら、親を困らせました。外では口数の少ない子で、典型的な内弁慶でした。子どもの頃、よくそう言われました。

小学校の低学年の頃、「先生、お手洗いに行きたい」と、授業中言えずに、教室でおしっこを漏らしてしまったことも経験しているのです。学校生活になかなか馴染めませんでした。とても不器用で、弱虫でもありました。そういう人間が、今は人前に立って仕事をしたり、話をしたりできているのです。人間というのは、それぞれいろいろなスタートをしている、いろいろな成長の仕方をする、だから人と比べて、うちの子がダメだっていう見方をしてはいけないと、保護者会では、私の実例を話してわかってもらうのです。

それでは、どこで人間は変わるのでしょうか。

私は絵が好きでした。一人遊びが得意だったので、よく絵を描いていました。ある日、自分が描いた絵を担任の先生が「上手だね」と言ってくれました。筆箱を描いたのです。今でもはっきり覚えています。先生にほめられ、みんなにも認められ、それが大きな自信になっていきました。

それから、私は変身しました。みるみるうちに積極的な子どもになっていきました。

自分の持っている力を認められる、あるいは自覚することで、子どもは変身するのです。

第6章　子どもは誰でも変身できる

ハルキの変身 ③

井坂ハルキ
3年生
身体は大きいが
動きは鈍く
まわりから
バカに
されて
いた
発音が
悪くて
声が小さく
人と話すことも
少なかった

おまえなんか
あっち行けよ
声
聞いてる
だけで
吐きそうだ
気持ち悪い！
ドンッ！

そのことが
学級会で
問題になった
どうして
ハルキくんを
仲間はずれに
するんですか
だって
イヤなものは
イヤだもん
………
声が赤ちゃん
みたいで
気持ち悪いん
だから
仕方ない
じゃん
よくそんなこと
言えますね！
ひどい！

ハルキくんの気持ち考えたことないんですか！
自分が言われたらどう思いますか
その…
あの…
クラス全員で話し合いとうとう最後は
ごめんなさい
もうしません
約束しますか
約束します
パチパチ
パチパチ
パチパチ
いじめを解決できた
子どもってすごいな
よかったね
ハルキくんしゃべってないから最後に何かひとこと！
………

いじめられっ子だったハルキ

私は、自分がおくての子どもであったこと、不器用で人一倍苦労したことを生かそうと思いました。自分に似た子どもの気持ちがよくわかります。教室で自分の居場所が見つからずにいたり、自信が持てないでおどおどしたりしている子どもを見つけて、近づき、勇気づけることができます。それが、私が自分で人に自慢できる私の長所でした。

ハルキはいじめられっ子でした。小さかった頃の私と同じように運動も苦手で、そして人との付き合い方がヘタでした。体は大きかったのですが、動きは鈍く、周りからは相手にされなかったり、馬鹿にされたりして、のけ者にされることも多かったのです。発声だとか発音が悪くて大きな声で話すことも少なく、人と話をするのも、あまり積極的にしなかったのです。

そんなハルキが「学校へ行きたくない」と日記に書いてきたのは三年生の二学期のことでした。「お前なんか、あっちへ行け」「気持ちが悪いよ」「声を聞いているだけで気分が悪い」などと言われ、普段の遊び友達の三人から仲間はずれにされているというのです。幸いハルキは、自分の気持ちを日記に書いてきてくれたので、あまり間をおかずにこのことに対処することができました。

「もうしないって約束できますか」。学級会の議長さんのダメ押しに、「約束します」と三人が答えました。その時の子どもたちの拍手と安堵した表情は今でも忘れません。「えらいな、子どもって。今度もまた子どもに教えられたなあ」と、感動に近いものを感じながら私も拍手を送りました。

第6章　子どもは誰でも変身できる

ハルキの変身 ④

ハルキの一言は
ざわ ざわ ざわ ざわ ざわ
クラスを不思議な空気にさせた
ハルキには言葉で気持ちを表現する力をつけさせないと
このままじゃ仲間の中に入れない
ハルキの声は赤ちゃんみたいで気持ち悪い
声…
そうだ！朗読だ！
言葉が変わったときこの子はきっと変わる

同じ班のミサとユキ子に協力を頼む
まかせてよ
それじゃ聞こえない！
クラスで一番背が高いのに出てくる声は一番小さい
&★・＊#…
夕日がせなかをおしてくる…
まだうしろまで聞こえないよ！
もっと力強く！
がんばって！

ハルキを変えよう！

「ハルキくんは何も言わなかったから、何か言ってください」と発言がありました。私も、その発言に賛成でした。ハルキの近くに行って、「何か言ったら」と軽く促しました。ハルキの発言でさらに雰囲気が盛り上がることを期待しました。みんなへの感謝の言葉などが出れば最高だなと思っていたのです。ハルキは、少し考えてからゆっくりと立ち上がり、またじっと考え込みました。そしてやっと口を開きました。

「バカ」

しばらくの沈黙の後に言い放った言葉が、このひと言でした。私もクラスの子どもたちもあっけにとられて、一瞬、教室中が静まり返ってしまいました。変な幕切れになってしまいました。そして、あの一言が、その日、私の頭にこびりついて離れませんでした。

（ハルキには、もっと自分を表現する力を育てないといけない。もっと自分の気持ちを自分で表す力をつけなければ、ハルキは、仲間の中に入れないのではないだろうか）

そう考えました。これはハルキだけの問題ではありません。どの子にも、集団の中で自己を表現できる力を身につけさせたいと思っていました。ハルキが変わっていくプロセスを、クラスの子どもたちが見届けることによって、クラスの子どもたちが多くのことを学べるのではないか、と考えました。

（ハルキを変えよう！）私は決心しました。

第6章　子どもは誰でも変身できる

ハルキの変身 ⑤

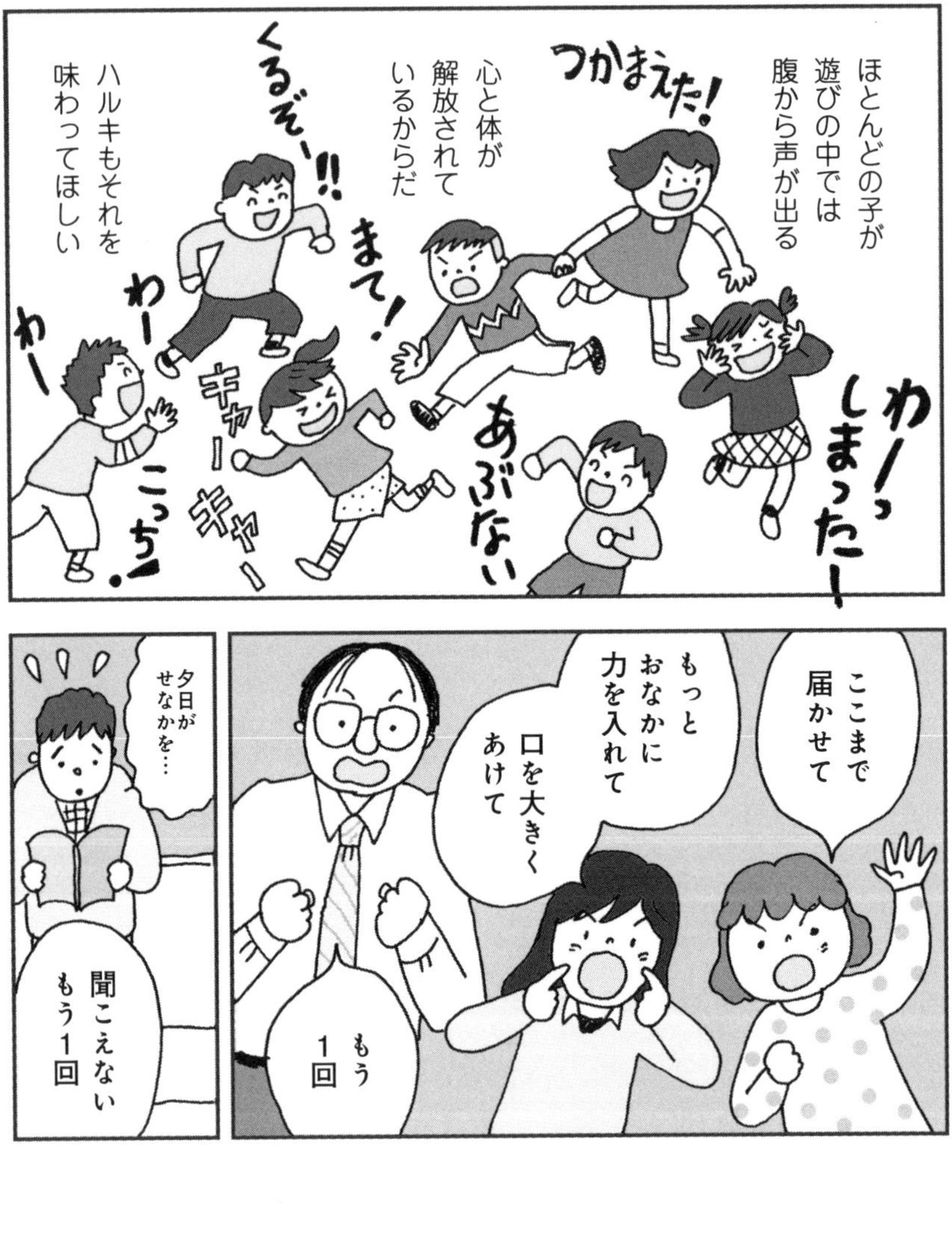
ほとんどの子が遊びの中では腹から声が出る
つかまえた！
心と体が解放されているからだ
くるぞー!!
まて！
わーっしまったー
あぶない
キャーキャー
ハルキもそれを味わってほしい
わー
わー
こっち！
ここまで届かせて
もっとおなかに力を入れて
口を大きくあけて
もう1回
夕日がせなかを…
聞こえないもう1回

夕日が
せなかを…
聞こえない
もう1回
がんばれ!
ハルキは国語の本を握りしめ
涙をこらえ懸命に本読みを続けた
夕日がせなかをおしてくる
まっかなうででおしてくる
あ!
あ!
あ!
聞こえた!
次はとなりの教室にいるから
もっと大きな声でね

夕日が
せなかを
おしてくる
すごい！
聞こえた！
今度は
上の
教室ね！
もっともっと
大きい声でね
夕日が
せなかを
おしてくる
聞こえたよー!!
やった
ミサやユキ子は
自分のことのように
喜んでくれた
やった
―翌日の国語の授業―
ついにみんなの前で
発表する時が来た
井坂ハルキくん
ここを読んで
…
ドキドキドキドキドキドキ
がんばれ

やった！　言葉が変わった

ハルキを変えようと決心してから、まず一番難しいと思われていたことに挑戦しました。もちろん、私一人でやっては意味のないことなので、同じ班の子どもたちに相談し、一緒に協力し合うようにしました。ハルキの最も苦手なこと。それは自己表現、自己主張です。

その基礎能力として、朗読に目を付けました。声の質が聞きづらく、音量も小さいのです。

（言葉が変わったとき、この子は変わる）

私は、そう確信しました。「それじゃ聞こえない」「もっと力を入れて」と、私は、叱り飛ばすように何度も声を張り上げました。「がんばって」とミサたちが応援します。

黒板の前に立ったハルキは、国語の本をきつく握りしめ、懸命に本読みを続けます。背の高さはクラスで一番なのに、出てくる声はクラスで一番小さい。しかし、ほとんどの子がそうであるように、遊びの場面では腹から出てくる張りのある声も聞けます。発声の仕方とともに、心と体が解放されていることが重要だと思いました。そして自信です。

泣き虫のハルキは、歯を食いしばって、私の叱咤《しった》とミサたちの激励に応えます。

教室の後ろに立ってもハルキの声がしっかり聞こえるようになった時は、ミサたち、ハルキ応援団は、「やった、やった」と小躍りして、自分のことのように喜びました。子どもたちの心からの応援が、ハルキの新しい声を生み出したのです。

ハルキの変身 ⑥

ドキドキドキドキ
あんなに練習したんだから
ドキドキドキドキ
大丈夫
きっと
大丈夫
ドキドキ
夕日がせなかを　おしてくる
まっかなうでで　おしてくる
歩くぼくらの　うしろから
でっかい声で　よびかける
やった!

ワー
パチパチ
ワー
パチパチ
ワー
パチパチ
パチパチ
パチパチ
この日からハルキは見違えるほどに変わっていった
4年生に進級すると
班長に立候補します
ぼくはみんなの助けで今のように話せるようになりました
班長になったら前のぼくのようにうまく話せない人たちのために班を作りたいと思います
5年生の運動会では花形の応援団長に
6年生では児童会の役員になった

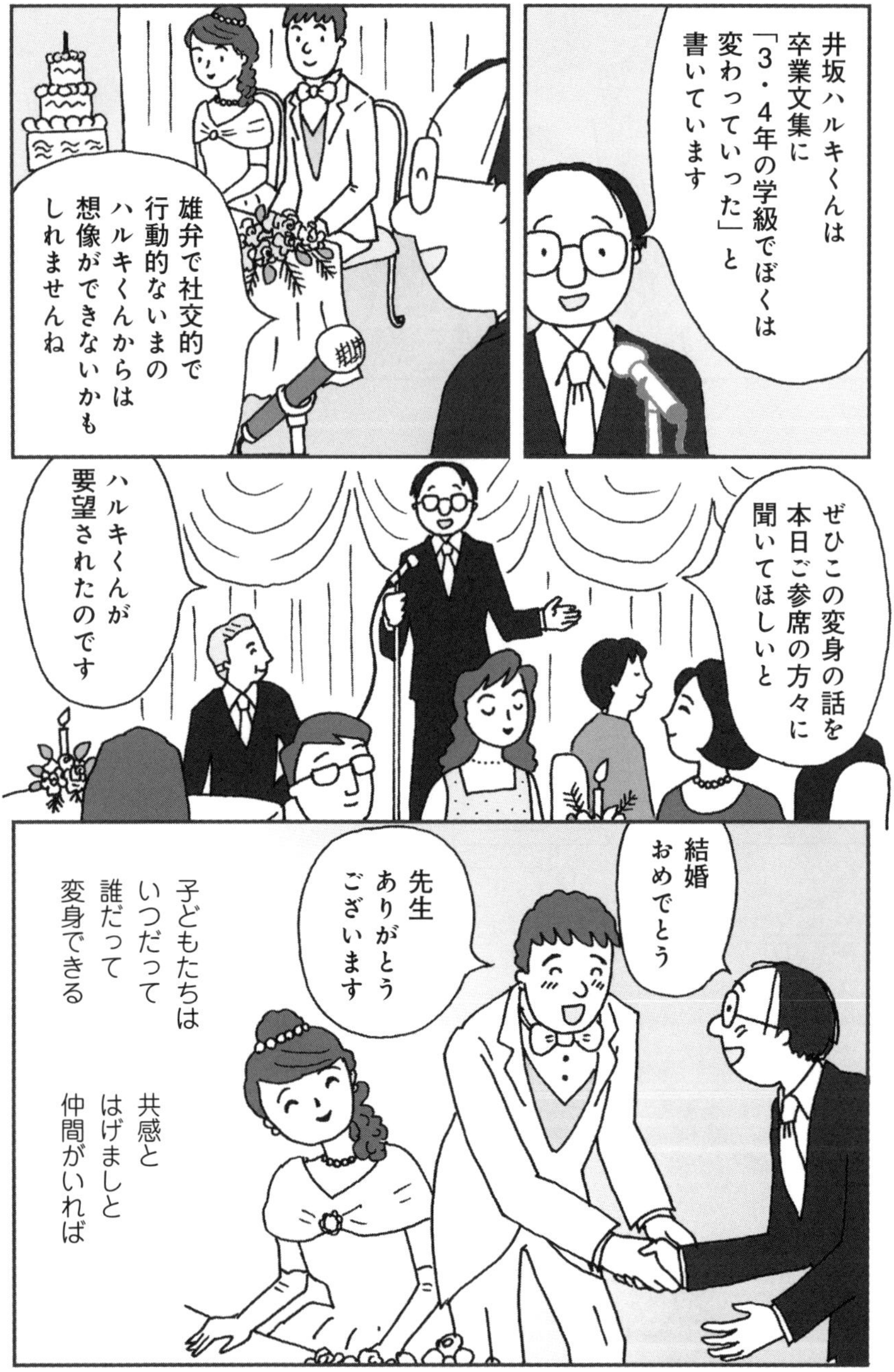
井坂ハルキくんは卒業文集に「3・4年の学級でぼくは変わっていった」と書いています
雄弁で社交的で行動的ないまのハルキくんからは想像ができないかもしれませんね
ぜひこの変身の話を本日ご参席の方々に聞いてほしいと
ハルキくんが要望されたのです
結婚おめでとう
先生ありがとうございます
子どもたちはいつだって誰だって変身できる
共感とはげましと仲間がいれば

友達の励ましに支えられ

ハルキはあわてず一文一文をはっきりと、力の入った声で朗読しました。ぎこちない読み方でしたが、いつものハルキの声ではありませんでした。聞いている子どもたちは、シーンと静まり返って、驚きの表情をハルキに向けました。

拍手！　歓声！　それは期せずして起こりました。班の仲間と私が手をたたく前の出来事でした。

それからのハルキは、見違えるほどに変わっていきました。朗読もめきめき上達しましたが、それとともに、仲間の中で目に見えて積極的になっていったのです。はっきりと人前でものを言い始めました。

この時期の子どもは、何かきっかけがあれば大きく変われます。それも仲間とのかかわりの中で変わるのです。仲間の力というものは大きなものです。ハルキの場合、友達の励ましと評価が、大きな心の支えとなり、新たな自分を作っていくことができたのです。

四年生の一学期、ハルキは班長に立候補しました。五年生の運動会では、運動会の花形の応援団長に立候補しました。六年生では、立候補して児童会役員にもなっていったのです。立会演説会のスピーチも見事でした。

ハルキの話ばかりではありません。友達とのかかわりの中で、仲間に支えられながら変身していく、そういう姿を今までにたくさん見てきました。親や教師や仲間の共感と励ましがあれば、子どもたちはいつだって誰だって変身できるのです。

おわりに

山岡小麦さんのマンガで、私の教室がていねいに再現されました。子どもや保護者との対話、子ども同士の関わりなども上手に描かれました。何度読み返しても、その時その場の、私の姿が、子どもの姿が、保護者の姿が、鮮やかによみがえります。

今回のおよそ一七〇頁に及ぶマンガとエッセイは、長い時間をかけてつくられてきたものです。公益社団法人スコーレ家庭教育振興協会が発行する『すこ～れ』という生涯学習誌に、毎月連載を始めて四年間。連載当初から評判も上々でしたが、やがて、連載四八回となり、それを一冊の本にまとめたいと考え、今回の出版となりました。

四八回分の連載をもとに新たに章立てや並べ替えなどをしましたが、エッセイをはじめとして、できるだけ忠実に、連載の形を残すようにしました。

さて、山岡小麦さんとの仕事は、今回が初めてではありません。

『「ADHD」の子どもと生きる教室』（新日本出版社、二〇〇三年）を原作としたマンガ『海ちゃんの天気今日は晴れ――発達障害の子どもと育つ』（クリエイツかもがわ、二〇一二年）を共同して作りました。

二人で《教育マンガ》という新しいジャンルに初めて挑戦しました。小麦さんの描画の力は、見てのとおり納得のいくものですが、終始、実践記録の読み取りの素晴らしさ、深さに目を見張りました。

マンガって凄い力を持っているのだと改めて、マンガの力を感じました。

今回のマンガ&エッセイ『いまこそ共感力！――子どものトラブルに悩んだら』は、こうした経緯で出来上がってきたものです。四年間以上の年月を通して作り上げた二人の共同作品です。

出来上がるまでには、いろいろな方にお世話になりました。『すこ～れ』編集部の方をはじめ、関わりのあった多くの人たちに感謝いたします。

最後になりますが、今回の出版にあたっては、新日本出版編集部の丹治さんに沢山の力添えをしていただきました。ありがとうございました。

二〇一六年九月

大和久　勝

大和久勝（おおわくまさる）
1945年東京生まれ。早稲田大学教育学部卒業。2005年まで東京都の小学校教諭。全国生活指導協議会常任委員。
主な著書に『ADHDの子どもと生きる教室』『共感力——共感が育てる子どもの自立』『困っている親と困っている教師——対立から共同へ』（以上新日本出版社）、『海ちゃんの天気今日は晴れ——発達障害の子どもと育つ』（原案）『困った子は困っている子——発達障害の子どもと学級・学校づくり』（編著）（以上クリエイツかもがわ）など。

山岡小麦（やまおかこむぎ）
多摩美術大学染織科卒業。小物デザイナーを経て、現在フリーイラストレーター。大和久勝氏との共著は『海ちゃんの天気今日は晴れ』（クリエイツかもがわ）に続き２作目。雑誌「すこーれ」にて「まぁ〜るい心」（大和久勝原案）を連載。

JASRAC 出 1611200-601

マンガ&エッセイ　いまこそ共感力《きょうかんりょく》！——子《こ》どものトラブルに悩《なや》んだら

2016年10月30日　初　版

著　者　大和久　勝
　　　　山岡小麦
発行者　田所　稔

郵便番号　151-0051　東京都渋谷区千駄ヶ谷４－25－６
発行所　株式会社　新日本出版社
電話　03（3423）8402（営業）
　　　03（3423）9323（編集）
info@shinnihon-net.co.jp
www.shinnihon-net.co.jp
振替番号　00130-0-13681
印刷・製本　光陽メディア

落丁・乱丁がありましたらおとりかえいたします。

ISBN978-4-406-06062-2　C0037　Printed in Japan